中外哲學典籍大全

總主編　李鐵映　王偉光

中國哲學典籍卷

近現代哲學類

王制通論

王制義按

程大璋　著

呂明烜　點校

中国社会科学出版社

圖書在版編目（CIP）數據

王制通論；王制義按／程大璋著；吕明烜點校．—北京：中國社會科學出版社，2022.1

（中外哲學典籍大全．中國哲學典籍卷）

ISBN 978－7－5203－5920－7

Ⅰ．①王…　Ⅱ．①程…②吕…　Ⅲ．①禮儀—制度—研究—中國—古代
Ⅳ．①K892.9

中國版本圖書館 CIP 數據核字（2020）第 197707 號

出 版 人　趙劍英
項目統籌　王　茵
責任編輯　顧世寶
責任校對　趙　威
責任印製　王　超

出　　版　中国社会科学出版社
社　　址　北京鼓樓西大街甲 158 號
郵　　編　100720
網　　址　http://www.csspw.cn
發 行 部　010－84083685
門 市 部　010－84029450
經　　銷　新華書店及其他書店

印　　刷　北京君昇印刷有限公司
裝　　訂　廊坊市廣陽區廣增裝訂廠
版　　次　2022 年 1 月第 1 版
印　　次　2022 年 1 月第 1 次印刷

開　　本　710×1000　1/16
印　　張　10.5
字　　數　125 千字
定　　價　45.00 元

中外哲學典籍大全

「中國哲學典籍卷」
學術委員會

主　任　陳　來　趙汀陽　謝地坤　李存山　王　博

委　員（按姓氏拼音排序）

白　奚　陳壁生　陳　静　陳立勝　陳少明　陳衛平　陳　霞　丁四新　馮顔利
干春松　郭齊勇　郭曉東　景海峰　李景林　李四龍　劉成有　劉　豐　王中江
王立勝　吴　飛　吴根友　吴　震　向世陵　楊國榮　楊立華　張學智　張志强
鄭　開

項目負責人　張志强

提要撰稿主持人　劉　豐　趙金剛

提要英譯主持人　陳　霞

中外哲學典籍大全

總序

中外哲學典籍大全的編纂，是一項既有時代價值又有歷史意義的重大工程。

中華民族經過了近一百八十年的艱苦奮鬥，迎來了中國近代以來最好的發展時期，迎來了奮力實現中華民族偉大復興的時期。中華民族衹有總結古今中外的一切思想成就，才能並肩世界歷史發展的大勢。爲此，我們須編纂一部匯集中外古今哲學典籍的經典集成，爲中華民族的偉大復興、爲人類命運共同體的建設、爲人類社會的進步，提供哲學思想的精粹。

哲學是思想的花朵，文明的靈魂，精神的王冠。一個國家、民族，要興旺發達，擁有光明的未來，就必須擁有精深的理論思維，擁有自己的哲學。哲學是推動社會變革和發展的理論力量，是激發人的精神砥石。哲學解放思維，净化心靈，照亮前行的道路。偉大的時代需要精邃的哲學。

一 哲學是智慧之學

哲學是什麽？這既是一個古老的問題，又是哲學永恒的話題。追問哲學是什麽，本身就是「哲學」問題。從哲學成爲思維的那一天起，哲學家們就在不停追問中發展、豐富哲學的篇章，給出一個又一個答案。每個時代的哲學家對這個問題都有自己的詮釋。哲學是什麽，是懸疑在人類智慧面前的永恒之問，這正是哲學之爲哲學的基本特點。

哲學是全部世界的觀念形態，精神本質。人類面臨的共同問題，是哲學研究的根本對象。本體論、認識論、世界觀、人生觀、價值觀、實踐論、方法論等，仍是哲學的基本問題和生命力所在！哲學研究的是世界萬物的根本性、本質性問題。人們可以給哲學做出許多具體定義，但我們可以嘗試用「遮詮」的方式描述哲學的一些特點，從而使人們加深對何爲哲學的認識。

哲學不是玄虛之觀。哲學來自人類實踐，關乎人生。哲學對現實存在的一切追根究底、「打破砂鍋問到底」。它不僅是問「是什麽」(being)，而且主要是追問「爲什麽」(why)，特别是追問「爲什麽的爲什麽」。它關注整個宇宙，關注整個人類的命運，關注人生。它關心柴米油鹽醬醋茶和人的生命的關係，關心人工智能對人類社會的挑戰。哲學是對一切實踐經驗的理論升華，它關心具體現象背後的根據，關心人類如何會更好。

哲學是在根本層面上追問自然、社會和人本身，以徹底的態度反思已有的觀念和認識，從價值理想出發把握生活的目標和歷史的趨勢，展示了人類理性思維的高度，凝結了民族進步的智慧，寄託了人們熱愛光明、追求真善美的情懷。道不遠人，人能弘道。哲學是把握世界、洞悉未來的學問，是思想解放、自由的大門！

古希臘的哲學家們被稱爲「望天者」，亞里士多德在形而上學一书中説，「最初人們通過好奇—驚讚來做哲學」。如果説知識源於好奇的話，那麽産生哲學的好奇心，必須是大好奇心。這種「大好奇心」衹爲一件「大事因緣」而來，所謂大事，就是天地之間一切事物的「爲什麽」。哲學精神，是「家事、國事、天下事，事事要問」，是一種永遠追問的精神。

哲學不衹是思維。哲學將思維本身作爲自己的研究對象，對思想本身進行反思。哲學不是一般的知識體系，而是把知識概念作爲研究的對象，追問「什麽才是知識的真正來源和根據」。哲學的「非對象性」的思想方式，不是「純形式」的推論原則，而有其「非對象性」之對象。哲學之對象乃是不斷追求真理，是一個理論與實踐兼而有之的過程，是認識的精粹。哲學追求真理的過程本身就顯現了哲學的本質。天地之浩瀚，變化之奥妙，正是哲思的玄妙之處。

哲學不是宣示絶對性的教義教條，哲學反對一切形式的絶對。哲學解放束縛，意味著從一切思想教條中解放人類自身。哲學給了我們徹底反思過去的思想自由，給了我們深刻洞察未來的思想能力。哲學就是解放之學，是聖火和利劍。

哲學不是一般的知識。哲學追求「大智慧」。佛教講「轉識成智」，識與智相當於知識與哲學的關係。一般知識是依據於具體認識對象而來的、有所依有所待的「識」，而哲學則是超越於具體對象之上的「智」。

公元前六世紀，中國的老子説，「大方無隅，大器晚成，大音希聲，大象無形，道隱無名。夫唯道，善貸且成」。又説，「反者道之動，弱者道之用。天下萬物生於有，有生於無」。對道的追求就是對有之爲有、無形無名的探究，就是對天地何以如此的探究。這種追求，使得哲學具有了天地之大用，具有了超越有形有名之有限經驗的大智慧。這種大智慧、大用途，超越一切限制的籬笆，達到趨向無限的解放能力。

哲學不是經驗科學，但又與經驗有聯繫。哲學從其作爲學問誕生起，就包含於科學形態之中，是以科學形態出現的。哲學是以理性的方式、概念的方式、論证的方式來思考宇宙人生的根本問題。在亞里士多德那裏，凡是研究實體（ousia）的學問，都叫作「哲學」。而「第一實體」則是存在者中的「第一個」。研究第一實體的學問稱爲「神學」，也就是「形而上學」，這正是後世所謂「哲學」。一般意義上的科學正是從「哲學」最初的意義上贏得自己最原初的規定性的。哲學雖然不是經驗科學，却爲科學劃定了意義的範圍，指明了方向。哲學最後必定指向宇宙人生的根本問題，大科學家的工作在深層意義上總是具有哲學的意味，牛頓和愛因斯坦就是這樣的典範。

哲學不是自然科學，也不是文學藝術，但在自然科學的前頭，哲學的道路展現了；在文學藝術的山頂，哲學的天梯出現了。哲學不斷地激發人的探索和創造精神，使人在認識世界的過程中，不斷達到新境界，在改造世界中從必然王國到達自由王國。

哲學不斷從最根本的問題再次出發。哲學史在一定意義上就是不斷重構新的世界觀、認識人類自身的歷史。哲學的歷史呈現，正是對哲學的創造本性的最好説明。哲學史上每一位哲學家對根本問題的思考，都在爲哲學添加新思維、新向度，猶如爲天籟山上不斷增添一隻隻黄鸝翠鳥。

如果説哲學是哲學史的連續展現中所具有的統一性特徵，那麽這種「一」是在「多」個哲學的創造中實現的。如果説每一種哲學體系都追求一種體系性的「一」的話，那麽每種「一」的體系之間都存在着千絲相聯、多方組合的關係。這正是哲學史昭示於我們的哲學多樣性的意義。多樣性與統一性的依存關係，正是哲學尋求現象與本質、具體與普遍相統一的辯證之意義。

哲學的追求是人類精神的自然趨向，是精神自由的花朵。哲學是思想的自由，是自由的思想。

中國哲學，是中華民族五千年文明傳統中，最爲内在的、最爲深刻的、最爲持久的精神追求和價值觀表達。中國哲學已經化爲中國人的思維方式、生活態度、道德準則、人生追求、精神境界。中國人的科學技術、倫理道德、小家大國、中醫藥學、詩歌文學、繪畫書法、武術拳法、鄉規民俗，乃至日常生活也都浸潤着中國哲學的精神。華夏文化雖歷經磨難而能够透魄醒神，堅韌屹立，正是來自於中國哲學深邃的思維和創造力。

先秦時代，老子、孔子、莊子、孫子、韓非子等諸子之間的百家争鳴，就是哲學精神在中國的展現，是中國人思想解放的第一次大爆發。兩漢四百多年的思想和制度，是諸子百家思想在争鳴過程中大整合的結果。魏晋之際，玄學的發生，則是儒道冲破各自藩籬，彼此互動互補的結果，形成了儒家獨尊的態勢。隋唐三百年，佛教深入中國文化，又一次帶來了思想的大融合和大解放，禪宗的形成就是這一融合和解放的結果。兩宋三百多年，中國哲學迎來了第三次大解放。儒釋道三教之間的互潤互持日趨深入，朱熹的理學和陸象山的心學，就是這一思想潮流的哲學結晶。

與古希臘哲學强調沉思和理論建構不同，中國哲學的旨趣在於實踐人文關懷，它更關注實踐的義理性意義。中國哲學當中，知與行從未分離，中國哲學有着深厚的實踐觀點和生活觀點，倫理道德觀是中國人的貢獻。馬克思説，「全部社會生活在本質上是實踐的」，實踐的觀點、生活的觀點也正是馬克思主義認識論的基本觀點。這種哲學上的契合性，正是馬克思主義能够在中國扎根並不斷中國化的哲學原因。

「實事求是」是中國的一句古話。今天已成爲深邃的哲理，成爲中國人的思維方式和行爲基準。實事求是就是解放思想，解放思想就是實事求是。實事求是毛澤東思想的精髓，是改革開放的基石。只有解放思想才能實事求是。實事求是就是中國人始終堅持的哲學思想。實事求是就是依靠自己，走自己的道路，反對一切絶對觀念。所謂中國化就是一切從中國實際出發，一切理論必須符合中國實際。

二　哲學的多樣性

實踐是人的存在形式，是哲學之母。實踐是思維的動力、源泉、價值、標準。人們認識世界、探索規律的根本目的是改造世界，完善自己。哲學問題的提出和回答，都離不開實踐。馬克思有句名言：「哲學家們只是用不同的方式解釋世界，而問題在於改變世界！」理論只有成爲人的精神智慧，才能成爲改變世界的力量。

哲學關心人類命運。時代的哲學，必定關心時代的命運。對時代命運的關心就是對人類實踐和命運的關心。人在實踐中産生的一切都具有現實性。哲學的實踐性必定帶來哲學的現實性。哲學的現實性就是强調人在不斷回答實踐中各種問題時應該具有的態度。

哲學作爲一門科學是現實的。哲學是一門回答並解釋現實的學問，哲學是人們聯繫實際、面對現實的思想。可以説哲學是現實的最本質的理論，也是本質的最現實的理論。哲學始終追問現實的發展和變化。哲學存在於實踐中，也必定在現實中發展。哲學的現實性要求我們直面實踐本身。

哲學不是簡單跟在實踐後面，成爲當下實踐的「奴僕」，而是以特有的深邃方式，關注着實踐的發展，提升人的實踐水平，爲社會實踐提供理論支撑。從直接的、急功近利的要求出發來理解和從事哲學，無異於向哲學提出它本身不可能完成的任務。哲學是深沉的反思，厚重的智慧，事物的抽象，理論的把握。哲學是人類把握世界最深邃的理論思維。

哲學是立足人的學問，是人用於理解世界、把握世界、改造世界的智慧之學。「民之所好，好之，民之所惠，惠之。」哲學的目的是爲了人。用哲學理解外在的世界，理解人本身，也是爲了用哲學改造世界、改造人。哲學研究無禁區，無終無界，與宇宙同在，與人類同在。

存在是多樣的，發展是多樣的，這是客觀世界的必然。宇宙萬物本身是多樣的存在，多樣的變化。歷史表明，每一民族的文化都有其獨特的價值。文化的多樣性是自然律，是動力，是生命力。各民族文化之間的相互借鑒，補充浸染，共同推動著人類社會的發展和繁榮，這是規律。對象的多樣性、複雜性，決定了哲學的多樣性；即使對同一事物，人們也會産生不同的哲學認識，形成不同的哲學派別。哲學觀點、思潮、流派及其表現形式上的區別，來自於哲學的時代性、地域性和民族性的差异。世界哲學是不同民族的哲學的薈萃，如中國哲學、西方哲學、阿拉伯哲學等。多樣性構成了世界，百花齊放形成了花園。不同的民族會有不同風格的哲學。恰恰是哲學的民族性，使不同的哲學都可以在世界舞臺上演繹出各種「戲劇」。即使有類似的哲學觀點，在實踐中的表達和運用也會各有特色。

人類的實踐是多方面的，具有多樣性、發展性，大體可以分爲：改造自然界的實踐，改造人類社會的實踐，完善人本身的實踐，提升人的精神世界的精神活動。人是實踐中的人，實踐是人的生命的第一屬性。實踐的社會性决定了哲學的社會性，哲學不是脱離社會現實生活的某種遐想，而是社會現實生活的觀念形態，是文明進步的重要標誌，是人的發展水平的重要維度。哲學的發展狀况，反映着一個社會人的理性成熟程度，反映著這個社會的文明程度。

哲學史實質上是自然史、社會史、人的發展史和人類思維史的總結和概括。自然界是多樣的，社會是多樣的，人類思維是多樣的。所謂哲學的多樣性，就是哲學基本觀念、理論學說、方法的異同，是哲學思維方式上的多姿多彩。哲學的多樣性是哲學的常態，是哲學進步、發展和繁榮的標誌。哲學是人的哲學，哲學是人對事物的自覺，是人對外界和自我認識的學問，也是人把握世界和自我的學問。哲學的多樣性，是哲學的常態和必然，是哲學發展和繁榮的內在動力。一般是普遍性，特色也是普遍性。從單一性到多樣性，從簡單性到複雜性，是哲學思維的一大變革。用一種哲學話語和方法否定另一種哲學話語和方法，這本身就不是哲學的態度。

多樣性並不否定共同性、統一性、普遍性。物質和精神，存在和意識，一切事物都是在運動、變化中的，是哲學的基本問題，也是我們的基本哲學觀點！

當今的世界如此紛繁複雜，哲學多樣性就是世界多樣性的反映。哲學是以觀念形態表現出的現實世界。哲學的多樣性，就是文明多樣性和人類歷史發展多樣性的表達。多樣性是宇宙之道。

哲學的實踐性、多樣性，還體現在哲學的時代性上。哲學總是特定時代精神的精華，是一定歷史條件下人的反思活動的理論形態。在不同的時代，哲學具有不同的內容和形式，哲學的多樣性，也是歷史時代多樣性的表達。哲學的多樣性也會讓我們能够更科學地理解不同歷史時代，更爲内在地理解歷史發展的道理。多樣性是歷史之道。

哲學之所以能發揮解放思想的作用，在於它始終關注實踐，關注現實的發展；在於它始終關注著科學技術的進步。哲學本身没有絶對空間，没有自在的世界，只能是客觀世界的映象，觀念形態。没有了現實性，哲學就遠離人，就離開了存在。哲學的實踐性，説到底是在説明哲學本質上是人的哲學，是人的思維，是爲了人的科學！哲學的實踐性、多樣性告訴我們，哲學必須百花齊放、百家争鳴。哲學的發展首先要解放自己，解放哲學，就是實現思維、觀念及範式的變革。人類發展也必須多塗並進，交流互鑒，共同繁榮。采百花之粉，才能釀天下之蜜。

三　哲學與當代中國

中國自古以來就有思辨的傳統，中國思想史上的百家争鳴就是哲學繁榮的史象。哲學是歷史發展的號角。中國思想文化的每一次大躍升，都是哲學解放的結果。中國古代賢哲的思想傳承至今，他們的智慧已浸入中國人的精神境界和生命情懷。

中國共産黨人歷來重視哲學，毛澤東在一九三八年，在抗日戰爭最困難的條件下，在延安研究哲學，創作了實踐論和矛盾論，推動了中國革命的思想解放，成爲中國人民的精神力量。

中華民族的偉大復興必將迎來中國哲學的新發展。當代中國必須有自己的哲學，當代中國的哲學必須要從根本上講清楚中國道路的哲學道理。中華民族的偉大復興必須要有哲學的思維，必須要有不斷深入的反思。發展的道路，就是哲思的道路，文化的自信，就是哲學思維的自信。哲學是引領者，可謂永恒的「北斗」，哲學是時代的「火焰」，是時代最精緻最深刻的「光芒」。從社會變革的意義上説，任何一次巨大的社會變革，總是以理論思維爲先導。理論的變革，總是以思想觀念的空前解放爲前提，而「吹響」人類思想解放第一聲「號角」的，往往就是代表時代精神精華的哲學。社會實踐對於哲學的需求可謂「迫不及待」，因爲哲學總是「吹響」這個新時代的「號角」。「吹響」中國改革開放之

「號角」的，正是「解放思想」「實踐是檢驗真理的唯一標準」「不改革死路一條」等哲學觀念。「吹響」新時代「號角」的是「中國夢」，「人民對美好生活的向往，就是我們奮鬥的目標」。發展是人類社會永恒的動力，變革是社會解放的永遠的課題，思想解放，解放思想是無盡的哲思。中國正走在理論和實踐的雙重探索之路上，搞探索没有哲學不成！

中國哲學的新發展，必須反映中國與世界最新的實踐成果，必須反映科學的最新成果，必須具有走向未來的思想力量。今天的中國人所面臨的歷史時代，是史無前例的。十三億人齊步邁向現代化，這是怎樣的一幅歷史畫卷！是何等壯麗、令人震撼！不僅中國歷史上亘古未有，在世界歷史上也從未有過。當今中國需要的哲學，是結合天道、地理、人德的哲學，是整合古今中西的哲學，只有這樣的哲學才是中華民族偉大復興的哲學。

當今中國需要的哲學，必須是適合中國的哲學。無論古今中外，再好的東西，也需要再吸收，再消化，必須要經過現代化和中國化，才能成爲今天中國自己的哲學。哲學是解放人的，哲學自身的發展也是一次思想解放，也是人的一个思維升華、羽化的過程。中國人的思想解放，總是隨著歷史不斷進行的。歷史有多長，思想解放的道路就有多長；發展進步是永恒的，思想解放也是永無止境的，思想解放就是哲學的解放。

習近平說，思想工作就是「引導人們更加全面客觀地認識當代中國、看待外部世界」。這就需要我們確立一種「知己知彼」的知識態度和理論立場，而哲學則是對文明價值核心最精練和最集中的深邃性表達，有助於我們認識中國、認識世界。立足中國、認識中國，需要我們審視我們走過的道路，立足中國、認識世界，需要我們觀察和借鑒世界歷史上的不同文化。中國「獨特的文化傳統」、中國「獨特的歷史命運」、中國「獨特的基本國情」，「決定了我們必然要走適合自己特點的發展道路」。一切現實的，存在的社會制度，其形態都是具體的，都是特色的，都必須是符合本國實際的。抽象的制度，普世的制度是不存在的。同時，我們要全面客觀地「看待外部世界」。研究古今中外的哲學，是中國認識世界、認識人類史，認識自己未來發展的必修課。今天中國的發展不僅要讀中國書，還要讀世界書。不僅要學習自然科學、社會科學的經典，更要學習哲學的經典。當前，中國正走在實現「中國夢」的「長征」路上，這也正是一條思想不斷解放的道路！要回答中國的問題，解釋中國的發展，首先需要哲學思維本身的解放。哲學的發展，就是哲學的解放，這是由哲學的實踐性、時代性所決定的。哲學無禁區、無疆界。哲學是關乎宇宙之精神，是關乎人類之思想。哲學將與宇宙、人類同在。

四 哲學典籍

中外哲學典籍大全的編纂，是要讓中國人能研究中外哲學經典，吸收人類精神思想的精華；是要提升我們的思維，讓中國人的思想更加理性、更加科學、更加智慧。

中國有盛世修典的傳統。中國古代有多部典籍類書（如「永樂大典」「四庫全書」等），在新時代編纂中外哲學典籍大全，是我們的歷史使命，是民族復興的重大思想工程。

只有學習和借鑒人類精神思想的成就，才能實現我們自己的發展，走向未來。中外哲學典籍大全的編纂，就是在思維層面上，在智慧境界中，繼承自己的精神文明，學習世界優秀文化。這是我們的必修課。

不同文化之間的交流、合作和友誼，必須達到哲學層面上的相互認同和借鑒。哲學之間的對話和傾聽，才是從心到心的交流。中外哲學典籍大全的編纂，就是在搭建心心相通的橋樑。

我們編纂這套哲學典籍大全，一是中國哲學，整理中國歷史上的思想典籍，濃縮中國思想史上的精華；二是外國哲學，主要是西方哲學，吸收外來，借鑒人類發展的優秀哲學成果；三是馬克思主義哲學，展示馬克思主義哲學中國化的成就；四是中國近現代以來的哲學成果，特別是馬克思主義在中國的發展。

編纂這部典籍大全，是哲學界早有的心願，也是哲學界的一份奉獻。中外哲學典籍大全總結的是書本上的思想，是先哲們的思維，是前人的足迹。我們希望把它們奉獻給後來人，使他們能够站在前人肩膀上，站在歷史岸邊看待自己。

中外哲學典籍大全的編纂，是以「知以藏往」的方式實現「神以知來」；中外哲學典籍大全的編纂，是通過對中外哲學歷史的「原始反終」，從人類共同面臨的根本大問題出發，在哲學生生不息的道路上，綵繪出人類文明進步的盛德大業！

發展的中國，既是一個政治、經濟大國，也是一個文化大國，也必將是一個哲學大國、思想王國。人類的精神文明成果是不分國界的，哲學的邊界是實踐，實踐的永恒性是哲學的永續綫性，打開胸懷擁抱人類文明成就，是一個民族和國家自强自立，始終佇立於人類文明潮頭的根本條件。

擁抱世界，擁抱未來，走向復興，構建中國人的世界觀、人生觀、價值觀、方法論，這是中國人的視野、情懷，也是中國哲學家的願望！

李鐵映

二〇一八年八月

「中國哲學典籍卷」

序

中國古無「哲學」之名，但如近代的王國維所説，「哲學爲中國固有之學」。「哲學」的譯名出自日本啓蒙學者西周，他在一八七四年出版的百一新論中説：「將論明天道人道，兼立教法的 philosophy 譯名爲哲學。」自「哲學」譯名的成立，「philosophy」或「哲學」就已有了東西方文化交融互鑒的性質。

「philosophy」在古希臘文化中的本義是「愛智」，而「哲學」的「哲」在中國古經書中的字義就是「智」或「大智」。孔子在臨終時慨嘆而歌：「泰山壞乎！梁柱摧乎！哲人萎乎！」（史記孔子世家）「哲人」在中國古經書中釋爲「賢智之人」，而在「哲學」譯名輸入中國後即可稱爲「哲學家」。

哲學是智慧之學，是關於宇宙和人生之根本問題的學問。對此，中西或中外哲學是共同的，因而哲學具有世界人類文化的普遍性。但是，正如世界各民族文化既有世界的普遍性，也有民族的特殊性，所以世界各民族哲學也具有不同的風格和特色。如果說「哲學」是個「共名」或「類稱」，那麽世界各民族哲學就是此類中不同的「特例」。這是哲學的普遍性與多樣性的統一。

在中國哲學中，關於宇宙的根本道理稱爲「天道」，關於人生的根本道理稱爲「人道」，中國哲學的一個貫穿始終的核心問題就是「究天人之際」。一般說來，天人關係問題是中外哲學普遍探索的問題，而中國哲學的「究天人之際」具有自身的特點。

亞里士多德曾說：「古今來人們開始哲學探索，都應起於對自然萬物的驚異……這類學術研究的開始，都在人生的必需品以及使人快樂安適的種種事物幾乎全都獲得了以後。」「這些知識最先出現於人們開始有閒暇的地方。」這是說的古希臘哲學的一個特點，是與當時古希臘的社會歷史發展階段及其貴族階層的生活方式相聯繫的。與此不同，中國哲學是產生於士人在社會大變動中的憂患意識，爲了求得社會的治理和人生的安頓，他們大多「席不暇暖」地周遊列國，宣傳自己的社會主張。這就決定了中國哲學在「究天人之際」

中首重「知人」，在先秦「百家争鳴」中的各主要流派都是「務爲治者也，直所從言之異路，有省不省耳」（史記太史公自序）。

中國哲學與其他民族哲學所不同者，還在於中國數千年文化一直生生不息而未嘗中斷，中國文化在世界歷史的「軸心時期」所實現的哲學突破也是采取了極温和的方式。這主要表現在孔子的「祖述堯舜，憲章文武」，删述六經，對中國上古的文化既有連續性的繼承，又經編纂和詮釋而有哲學思想的突破。因此，由孔子及其後學所編纂和詮釋的上古經書就以「先王之政典」的形式不僅保存下來，而且在此後中國文化的發展中居於統率的地位。

據近期出土的文獻資料，先秦儒家在戰國時期已有對「六經」的排列，「六經」作爲一個著作群受到儒家的高度重視。至漢武帝「罷黜百家，表章六經」，遂使「六經」以及儒家的經學確立了由國家意識形態認可的統率地位。漢書藝文志著録圖書，爲首的是「六藝略」，其次是「諸子略」「詩賦略」「兵書略」「數術略」和「方技略」，這就體現了以「六經」統率諸子學和其他學術。這種圖書分類經幾次調整，到了隋書經籍志乃正式形成「經、史、子、集」的四部分類，此後保持穩定而延續至清。

中國傳統文化有「四部」的圖書分類，也有對「義理之學」「考據之學」「辭章之學」和「經世之學」等的劃分，其中「義理之學」雖然近於「哲學」但並不等同。中國傳統文化沒有形成「哲學」以及近現代教育學科體制的分科，但是中國傳統文化確實固有其深邃的哲學思想，它表達了中華民族的世界觀、人生觀，體現了中華民族的思維方式、行爲準則，凝聚了中華民族最深沉、最持久的價值追求。

清代學者戴震說：「天人之道，經之大訓萃焉。」（原善卷上）經書和經學中講「天人之道」的「大訓」，就是中國傳統的哲學；不僅如此，在圖書分類的「子、史、集」中也有講「天人之道」的「大訓」，這些也是中國傳統的哲學。「究天人之際」的哲學主題是在中國文化上下幾千年的發展中，伴隨著歷史的進程而不斷深化、轉陳出新、持續探索的。

中國哲學首重「知人」，在天人關係中是以「知人」爲中心，以「安民」或「爲治」爲宗旨的。在記載中國上古文化的尚書皋陶謨中，就有了「知人則哲，能官人；安民則惠，黎民懷之」的表述。在論語中，「樊遲問仁，子曰：『愛人。』問知（智），子曰：『知人。』」（論語顏淵）「仁者愛人」是孔子思想中的最高道德範疇，其源頭可上溯到中國文化自上古以來就形成的崇尚道德的優秀傳統。孔子說：「未能事人，焉能事鬼？」「未知生，焉知死？」（論語先進）「務民之義，敬鬼神而遠之，可謂知矣。」（論語雍也）「智者知人」，在孔子的思想中雖然保留了對「天」和鬼神的敬畏，但他的主要關注點是現世的人生，是「仁者愛人」「天下有道」的價值取向，由此確立了中國哲學以「知人」爲中心的思想範式。西方現代哲學家雅斯貝爾斯在大哲學家一書中把蘇格拉底、佛陀、孔子和耶穌作爲「思想範式的創造者」，而孔子思想的特點就是「要在世間建立一種人道的秩序」，「在現世的可能性之中」，孔子「希望建立一個新世界」。

中國上古時期把「天」或「上帝」作爲最高的信仰對象，這種信仰也有其宗教的特殊性。如梁啓超所說：「各國之尊天者，常崇之於萬有之外，而中國則常納之於人事之中，此吾中華所特長也。……其尊天也，目的不在天國而在世界，受用不在未來（來世）而在現在（現世）。是故人倫亦稱天倫，人道亦稱天道。記曰：『善言天者必有驗於人。』此所以雖近於宗教，而與他國之宗教自殊科也。」由於中國上古文化所信仰的「天」不是存在於與人世生活相隔絕的「彼岸世界」，而是與地相聯繫（中庸所謂「郊社之禮，所以事上帝也」，朱熹中庸章句注：「郊，祀天；社，祭地。不言后土者，省文也。」），具有道德的、以民爲本的特點（尚書所謂「皇天無親，惟德是輔」，「天視自我民視，天聽自我民聽」，「民之所欲，天必從之」），所以這種特殊的宗教性也長期地影響著中國哲學對天人關係的認識。相傳「人更三聖，世經三古」的易經，其本爲卜筮之書，但經孔子「觀其德義而已」之後，則成爲講天人關係的哲理之書。四庫全书總目易類序說：「聖人覺世牖民，大抵因事以寓教……易則寓於卜筮。故易之爲書，推天道以明人事者也。」不僅易經是如此，而且以後中國哲學的普遍架構就是「推天道以明人事」。

春秋末期，與孔子同時而比他年長的老子，原創性地提出了「有物混成，先天地生」（老子二十五章），天地並非固有的，在天地產生之前有「道」存在，「道」是產生天地萬物的總根源和總根據。「道」内在於天地萬物之中就是「德」，「孔德之容，惟道是從」（老子二十一章），「道」與「德」是統一的。老子說：「道生之，德畜之，物形之，勢成之。是以萬物莫不尊道而貴德。道之尊，德之貴，夫莫之命而常自然。」（老子五十一章）老子的價值主張是「自然無爲」，而「自然無爲」的天道根據就是「道生之，德畜之……是以萬物莫不尊道而貴德」。老子所講的「德」實即相當於「性」，孔子所罕言的「性與天道」，在老子哲學中就是講「道」與「德」的形而上學。實際上，老子哲學確立了中國哲學「性與天道合一」的思想，而他從「道」與「德」推出「自然無爲」的價值主張，這就成爲以後中國哲學「推天道以明人事」普遍架構的一個典範。雅斯貝爾斯在大哲學家一書中把老子列入「原創性形而上學家」，他說：「從世界歷史來看，老子的偉大是同中國的精神結合在一起的。」他評價孔、老關係時說：「雖然兩位大師放眼於相反的方向，但他們實際上立足於同一基礎之上。兩者間的統一在中國的偉大人物身上則一再得到體現……」這裏所謂「中國的精神」「立足於同一基礎之上」，就是說孔子和老子的哲學都是爲了解決現實生活中的問題，都是「務爲治者也」。

在老子哲學之後，中庸說：「天命之謂性」，「思知人，不可以不知天」。孟子說：「盡其心者知其性也，知其性則知天矣。」（孟子盡心上）此後的中國哲學家雖然對天道和人性有不同的認識，但大抵都是講人性源於天道，知天是爲了知人。一直到宋明理學家講「天者理也」，「性即理也」，「性與天道合一存乎誠」。作爲宋明理學之開山著作的周敦頤太極圖説，是從「無極而太極」講起，至「形既生矣，神發知矣，五性感動而善惡分，萬事出矣」，這就是從天道講到人事，而其歸結爲「聖人定之以中正仁義而主静，立人極焉」，這就是從天道、人性推出人事應該如何，「立人極」就是要確立人事的價值準則。可以説，中國哲學的「推天道以明人事」最終指向的是人生的價值觀，這也就是要「爲天地立心，爲生民立命，爲往聖繼絶學，爲萬世開太平」。在作爲中國哲學主流的儒家哲學中，價值觀又是與道德修養的工夫論和道德境界相聯繫。因此，天人合一、真善合一、知行合一成爲中國哲學的主要特點。

中國哲學經歷了不同的歷史發展階段，從先秦時期的諸子百家争鳴，到漢代以後的儒家經學獨尊，而實際上是儒道互補，至魏晋玄學乃是儒道互補的一個結晶；在南北朝時期逐漸形成儒、釋、道三教鼎立，從印度傳來的佛教逐漸適應中國文化的生態環境，至隋唐時期完成中國化的過程而成爲中國文化的一個有機組成部分；宋明理學則是吸收了佛、道二教的思想因素，返而歸於「六經」，又創建了論語孟子大學中庸的「四書」體系，建構了以「理、氣、心、性」爲核心範疇的新儒學。因此，中國哲學不僅具有自身的特點，而且具有不同發展階段和不同學派思想内容的豐富性。

一八四〇年之後，中國面臨着「數千年未有之變局」，中國文化進入了近現代轉型的時期。在甲午戰敗之後的一八九五年，「哲學」的譯名出現在黄遵憲的日本國志和鄭觀應的盛世危言（十四卷本）中。此後，「哲學」以一個學科的形式，以哲學的「獨立之精神，自由之思想」推動了中華民族的思想解放和改革開放，中、外哲學會聚於中國，中、外哲學的交流互鑒使中國哲學的發展呈現出新的形態，馬克思主義哲學在與中國的歷史文化傳統、中國具體的革命和建設實踐相結合的過程中不斷中國化而産生新的理論成果。中華民族的偉大復興必將迎來中國哲學的新發展，在此之際，編纂中外哲學典籍大全，中國哲學典籍第一次與外國哲學典籍會聚於此大全中，這是中國盛世修典史上的一個首創，對於今後中國哲學的發展、對於中華民族的偉大復興具有重要的意義。

李存山

二〇一八年八月

「中國哲學典籍卷」

出版前言

社會的發展需要哲學智慧的指引。在中國浩如煙海的文獻中，哲學典籍占據著重要地位，指引著中華民族在歷史的浪潮中前行。這些凝練著古聖先賢智慧的哲學典籍，在新時代仍然熠熠生輝。

收入我社「中國哲學典籍卷」的書目，是最新整理成果的首次發布，按照内容和年代分爲以下幾類：先秦子書類、两漢魏晋隋唐哲學類、佛道教哲學類、宋元明清哲學類、近現代哲學類、經部（易類、書類、禮類、春秋類、孝經類）等，其中以經學類占多數。全本次整理皆選取各書存世的善本爲底本，制訂校勘記撰寫的基本原則以確保校勘品質。全套書采用繁體竪排加專名綫的古籍版式，嚴守古籍整理出版規範，並請相關領域專家多次審稿，整理者反復修訂完善，旨在匯集保存中國哲學典籍文獻，同時也爲古籍研究者和愛好者提供研習的文本。

文化自信是一個國家、一個民族發展中更基本、更深沉、更持久的力量。對中國哲學典籍進行整理出版，是文化創新的題中應有之義。中國社會科學出版社秉持「傳文明薪火，發時代先聲」的發展理念，歷來重視中華優秀傳統文化的研究和出版。「中國哲學典籍卷」樣稿已在二〇一八年世界哲學大會、二〇一九年北京國際書展等重要圖書會展亮相，贏得了與會學者的高度讚賞和期待。

點校者、審稿專家、編校人員等爲叢書的出版付出了大量的時間與精力，在此一並致謝。由於水準有限，書中難免有一些不當之處，敬請讀者批評指正。

趙劍英

二〇二〇年八月

王制通論

目録

王制義按

王制通論

程大璋　著

本書點校説明

一、本次整理以民國十八年刻本爲底本。

二、原書正文中夾雜有程氏自注，以雙列小字排版。今整理皆改爲單列大字，以圓括號標明起止。

三、王制通論各節原不分段，爲方便閱讀，今依文義略作分段。

四、原書引用舛誤處，整理保留原貌，於校註中予以説明。

五、原書之錯、訛、衍字，徑改不出校註。

吕明烜

二〇一八年七月

王制通論序

鄔慶時

自昔治經學者，無論爲章句、爲訓詁、爲義理、爲考據，要皆支節爲之，不爲有統系之研究。光緒二十有九年，程子良先生講學於廣州時敏學堂，日以科學方法研究群經，別闢町畦，成書數種，王制通論其一也。宣統元年先生入京應選，曾飭慶時將原稿寄京，略加改削，繕呈學部。然則是書雖僅寥寥萬言，固先生精心結撰之作也。慶時校刊先生遺集既成，因并付諸剞劂，俾治經學者知所取法。現雖爲時尚早，然治經學者須爲有統系之研究或不至終無其時，則亦不妨先示之範耳。

中華民國十八年七月　弟子番禺鄔慶時識於廣州半帆樓

程先生傳

鄔慶時

先生姓程氏，初名式穀，更名大璋，字子良，廣西省桂平縣人。少治訓詁之學，未弱冠，補博士弟子員，光緒甲午科中式舉人。

康南海講學桂林，往從之遊，學益進，於書學得力尤深，南海亟稱之。戊戌政變與康廣仁、錢維驥同入獄，言笑自若。聞令出西后，以爲必死，康曰：「死則國强，死亦何傷！」先生曰：「君言誠是，第外國變法皆前者死後者繼，今我國新黨甚寡弱，恐我輩一死，後無繼者耳。」提訊時有自陳能諜捕南海者，語未竟，先生猛以拳足加之，曰：「汝傭也，而可以賣主乎！」一時堂上堂下相顧愕然。問官曰：「是真康黨，殺無赦。」一曰：「直瘋子耳。」卒與錢並獲免。

歸至廣州時敏學堂，聘爲教員，盡以所得傳之學生，而尤岌岌於養成展拓之才。嘗謂中國不患無才而患無展拓之才，今後教育，必須使人人有天下一家、中國一人之志，而以天下自任，中国乃可救。丁未，回里創辦潯州中學、潯陽師範兩學堂，并兼任監督及教習。所著經學通論、春秋講義、禮記各篇書後、曲禮注疏擇要、王制義按、王制通論、左傳略釋、史記經義、漢書藝文志書後、子學論纂、説文部首演解多成於是時。先生之學以通經致用爲主，而取道於公羊，由公羊以通春秋，由春秋以通六經，由六經以明孔子之道，一以「三世」之義貫之，使學者曉然於禮之與時，不爲古文學家所惑。更參以諸子百家、九通、二十四史及泰西政治、經濟、法律之學，融會貫通，斟酌損益，以期見諸實用。數年之間，所造就甚衆。己酉，大挑試一等第一，得知縣，分發江蘇候補。公餘惟披覽佛典，旁及六朝造像碑誌，盡得其趣。書益奇逸，寸箋尺楮人争弆之。

民國癸丑，當選爲衆議院議員。提議憲法明定孔教爲國教，仍許信教自由，主張清室優待條件不必取消。以两案關繫國民道德、民國信用，争之甚力。識者謂其一鳴驚人，或且爲先生憂，先生若不聞也。及出席國會非常會議緘默如故，蓋先生所注意者惟大經大法，至於枝枝節節均無足較，故在議席上甚少發言。所得歲費，周給諸故人或同鄉之落拓者，輒隨手盡，雖家無餘財而樂善不倦，布衣蔬食，處之泰然。粵督莫榮新亦桂平人也，慕先生名，使人以同鄉之誼招致之，先生不爲動。嘗揭「苟存性命於亂世，不求聞達於諸侯」二語於座右，所往來者惟文人，所講論者惟學術，時或吟詠自適，解衣盤礴，人多不知其爲國會議員也。

丙辰、戊午兩度回里，任重修桂平縣志總纂。書成，都五十九卷，約五十餘萬言，先生創作居其大半，世比之司馬遷之作史記。癸亥復入京。是歲重陽，孔教大學開學，先生擔任文科教授，編著中國文學及書學講義，未及成書，卒於京寓，時乙丑四月廿八日也，距生於同治癸酉五月廿四日，春秋五十有三。所爲詩文多散逸，僅存無終始齋詩文集三卷刊行於世。

祖建鉉見桂平縣志果行傳，父嘉謨見桂平縣志賢能傳。子四：董平、海平、秩西、秩東。

鄒慶時曰：先生於死生窮達均無所動於中，而惟以新黨寡弱、死後無繼爲慮。及爲議員，所争者亦爲國民道德與民國信用。慶時每讀戊戌政變記及衆議院公報，輒歎先生真我師！抑豈惟我師，直稱之曰「人師」可也！

一 王制爲孔子作

王制者，孔子作之以爲經世之准備者也。經傳文字出於孔子手筆者，曰堯典、曰禹貢、曰洪範、曰文言、曰王制，細讀之如出一人之手，其爲孔子作無疑也。（文言爲孔子作，各篇俱似文言，知其爲孔子作。）後漢盧植乃以爲文帝令博士作，然史記文帝所造「本制」「服制」「兵制」，非王制也。蓋孔子壯年已有經世之志，故作王制以爲准備。觀其所言制度與春秋公羊相表裏（後詳），知春秋之義皆王制之義矣。「王」者，往也，民人之所往也。孔子爲素王，王制即爲素王之制，而鄭康成乃以爲王制之作或赧王之後，蓋肊説矣。

二　王制之制即春秋之制

孔子者，周末改制之聖人也。孔子疾時世之不仁，思改制度以變易天下，乃作王制以爲預備。晚而道不行於世，乃又作春秋以待來者。故春秋制度與王制相同，而略有不同者，王制爲現在者言也，春秋爲來者言也。王制爲現在者言，故其法以王道爲極軌；春秋爲來者言，故其道始文王而終堯舜。王制之言，救一時之言也。春秋之言，有据亂、有昇平、有太平，則治萬世之言也。而制度則相同者，經世有義理、有制度，義理可以預推，制度不可以預立，惟切於現在，則可立制度而爲准備。王制專於制度者也，春秋詳於義理而兼制度者也。王制固治現在，而春秋亦非全舍現在而爲未來，故其制度有相符焉。故學者通王制而春秋之學思過半矣。

三　周、秦、西漢儒者所言制度皆本王制

孔子以後傳孔子之學者，有七十弟子，有三千門人，有六萬徒侶，皆誦法孔子。雖賢者識大，不賢者識小，所得各有淺深之不同，而孔子經世之學與其所立之制度，則人咸知之。故所言義理或相互異，而制度則皆吻合。如封建之制「公、侯百里，伯七十里，子、男五十里」與周禮大殊，千歲聚訟不休。而儒書如孟子、如尚書大傳、如春秋繁露、如白虎通，諸書無不同條共貫。知周禮之説非儒家所傳，而講孔學者當以王制爲主也。

四　王制與周禮制度相反

漢學有今文、古文之分，凡今文家之言輒與古文家之言相反。王制今文家言也，周禮古文家言也，其制度多相戾而不可合。

如王制「公、侯地方百里〔二〕，伯七十里，子、男五十里」，而周禮則「公五百里，侯四百里，伯三百里，子二百里，男百里」，則封國之制異矣。

王制「天子三公，九卿，二十七大夫，八十一元士」，而周禮則有六卿、有官屬三百六十，則設官之制異矣。

王制「歲用民不過三日」，而周禮則「豐年旬用三日，中年旬用二日，無年旬用一日」；王制「五十不從力政，六十不與服戎」，而周禮則「國中自七尺以及六十，野自六

〔二〕王制本作「公侯田方百里」。

尺以及六十有五能征之」，則力役之政異矣。

王制「關譏而不征」，而周禮則有「門關之征」；王制「圭田不征」，而周禮則「士田以任，近郊之地税什一」，「士田」即「圭田」也，王制圭田無税而周禮税之，則取民之制異矣。

王制「公家不畜刑人」，而周禮則有「寺人」「閹人」之設，則宫廷之制異矣。

王制「天子祭天地，諸侯祭社稷，大夫祭五祀」，此所以限制神權、改革淫祀，使之勿濫也。而周禮春官所掌多載古制，鄭康成至有「八諦六天」之説，其原多本於周禮，則周禮之祭從其繁而王制之制從其簡，則祭祀之典異矣。

其所以異者何也？王制爲孔子之書，而周禮爲周末諸子之書也。周禮詳於政治而略於風俗，故關乎國家者其法多精密，關乎社會者其法多沿舊不變。若王制則法律與道德兼施，國家與社會并及。而作王制時代與周禮時代又有先後之不同，此其所以各異也。後儒輒欲混而一之，迂矣。

五　孔子作王制之時勢

凡聖人立言必因乎時勢，立言而不因乎時勢，雖美弗取也。孔子之作王制，皆因乎當時之弊而改正之。故欲知王制之旨，當知孔子所居爲何時。

孔子之時，世卿秉政之時也。民之初生，先有大夫，由大夫而有諸侯，由諸侯而有天子。天子既出，於是又封其子弟以爲諸侯，諸侯又封其子弟以爲大夫，此即世卿所由起。其弊也，君主無權，其政治盡出於私門。魯之三家、晉之六卿、齊之田常，其著也。孔子因此所以有興賢使能之義也。

孔子之時，諸侯紛争之時代也，孟子曰：「五霸摟諸侯以伐諸侯」是也。孔子因此所以有「禮樂征伐自天子出」之義也。

孔子之時，君太富、民太貧之時也，所以有井田均禄之法也。

孔子之時，農務未興而捕獵之風未除也，所以有重農田、限制校獵之意也。

孔子之時，族制未完全之時也，神權方盛之時也，民智未齊之時也，所以定宗法、正祀典、興學校，以改進一切舊俗也。

凡此諸義，王制書中皆有之，其詳別見於後。

六　王制之中央集權義

凡政治之進，始於諸侯封建而進於中央集權。王制書中多尊天子而抑諸侯，説者以爲孔子開後世君主專制之風，不知政治階級固必經此而後能入於共和時代也。王制之旨，即今政治家所言中央集權之義也。何謂中央集權？如「大國三卿，皆命於天子」「次國之三卿[一]，二卿命於天子」，是集用人之權於中央也。「千里之外設方伯，五國以爲屬，屬有長，十國以爲連，連有帥，三十國以爲卒，卒有正，二百一十國以爲州，州有伯」「八州八伯……各以其屬屬於天子之二老，二人分天下以爲左右，曰二伯」，如是則諸侯固不能自由行政。天子又「使其大夫爲三監，監於方伯之國」，如是則方伯亦不能妄背天子之法令。巡狩之時有「削地」「絀爵」之制，有

〔一〕王制本作「次國三卿」。

「君討」「君流」之制，有「加地」「進律」之制，是皆集行政之權於中央也。

「成獄辭，史以獄成告於正，正聽之，正以獄成告於大司寇，大司寇聽之棘木之下，大司寇以獄之成告於王，王命三公聽之[一]，三公以獄之成告於王，王三宥，然後制刑。」是集刑罰之權於中央也。

「諸侯賜弓矢然後征」，是集天下之兵權於中央也。

「天子命之教然後學[二]」，是集教育之權於中央也。

以「冢宰制國用」「用地大小[三]，視年之豐耗」，如是則諸侯用財不能自主，「司會以歲之成質於天子，冢宰齋戒受質」，如是，則一國之人亦不能妄費資財，是集天下財政之權於中央也。

夫封建諸侯，非聖人意也。（本柳子厚封建論）故春秋之義大一統，孟子曰：「定於一」，此實儒家相傳之大義也。惟孔子作王制時諸侯尚衆多，不能驟然盡革，然其權不能

[一] 王制本作「王命三公參聽之」。
[二] 王制本作「天子命之教然後爲學」。
[三] 王制本作「用地小大」。

不削之以歸於天子。孟子曰：「象不得有爲於其國，天子使吏治其國。」漢之封建與郡縣并行，景帝後諸王不能自行置相，其法實本於王制也。蓋周代諸侯皆周代宗室勳舊之親，其後嗣多不能治其國，欲裁其權以歸於天子，然後天子得分其權以與天下之人民，以爲民權之基礎耳。

七　王制之制限君權義

孔子既尊天子而抑諸侯矣，則天子之權爲尊無二尚，然非盡無限制也。其限制之法有有形之限制，有無形之限制。

夫人主之所以濫用其權者，由於不學也。王制於王太子、王子皆就學於樂正。有不帥教則「屏之遠方，終身不齒」，與群后之元子，卿大夫、元士之適子等。既爲君，則又有「太史典禮，執簡記，奉諱恶」、「天子齋戒受諫」焉，則行爲上有限制矣。

中國歷史上皆專制政體也，專制之朝在開創時代作威福者在於君，守成時代作威福者則在於左右近習，而閹宦之禍爲尤亟。故若漢、若唐、若明，其中葉而後，人主之大柄無不操縱於宦官之手，而天下遍受其荼毒，故王制有「公家不畜刑人」之例，所以防閹寺之禍也。則用人之際有限制矣。

人主之所以放恣、奢蕩、縱欲無度者，由於視天下爲一家私産，於萬方爲肉食，而無法度以限之也。王制天子地方千里而宫廷之費出其中，京畿養官之費出其中，則必不能有所濫費於千里之外。必凶旱水溢之年民亦無菜色，然後天子得於食日舉樂。則用財之權有限制矣。

此三者皆限制於有形者也。

春秋家之言曰：「以元之深正天之端，以天之端正王之政。」蓋慮天下之昏暴之主非法律所能羈束，非道德所能範圍，如是者，其人必不明公理而畏鬼神災異，董子言敬天勤民輒動以災異者也。王制於「天子之出」，必「類乎上帝、宜乎社、造乎禰」。「將出征」，亦必「類乎上帝、宜乎社、造乎禰」。「類乎上帝」者祭天也，「宜乎社」者祭地也，「造乎禰」者祭先祖也。一舉動而必祭天地祖先，示不敢專也。王介甫之言曰：「天變不足畏，祖宗不足法。」此可爲英主有道德學問者言之，不可以施之尋常君主也。

此限制於無形者也。

夫惟有限制君權之義，故孟子曰：「天子一位，公一位，侯一位，伯一位，子男同一位。」直以天子爲百官之一，普魯士君主父烈他匿二世之言曰：「朕爲國家之官吏。」皆與王制同義矣。故吾二十四朝之君主雖無堯、舜、禹、湯、文、武之賢，而亦無桀、紂之暴。若秦之二世、隋之煬帝，皆不久而滅亡。其上下之風氣如是者，未始非經義之影響矣。

八　王制之分權於民

王制之集權於天子也，非爲天子也，爲民也。孔子以爲對於諸侯則集權於天子，對於天子則分權於人民。蓋諸侯之權削而後天子之權一，天子之權一而後人民得直受於天子而不隔於諸侯。此孔子改革政治之大術也。

何謂分權於民？曰，王制「爵人於朝，與士共之」。士者，民之一也，由學校而來，非復向者世卿之子也。爵人與士共之，是分用人之權於士也。

命「卿論秀士升之司徒[一]」，又命卿[二]「簡不帥教者以告」，「耆老皆朝於庠，元日，習

[一] 王制本作「鄉論秀士昇之司徒」，此處當爲排印之誤。

[二] 王制本作「鄉」，此处当为排印之误。

射上功，習帥上齒〔二〕」。是分教育之權於鄉也。

「刑人於市，與衆棄之」，是分刑人之權於衆也。

故曰，王制集權爲民也，非爲天子也。夫權者天所賦也（法儒盧梭有「天賦人權」之說），而必由天子分之者，進化之序不得不如是也。民權有由民人之勢力競争而得者，有由仁君許可而得者。當民智未開、民德未立之世，則民權必由君之聽許，否則聚無意識、無道德、無團體之人民而謀國，是必至一事無成，反阻政治之進化也。

〔二〕王制本作「習鄉上齒」，此处当为排印之误。

九　王制之平民族階級

古者民族之等固不齊也，有君子、有小人、有百姓、有黎民，皆以民族之貴賤而分。民族之貴者爲君子，賤者爲小人，貴者爲百姓，賤者爲黎民。蓋在初民時代，各聚族而居。其後弱者爲强者所虜役之以奴隸，而强者盡享弱者之權利，其弱者亦甘於爲强者所束縛所驅使而不敢抗，人間一切利益不能與强者平等，而貴賤之階級起焉。今若印之婆羅門、歐洲中世時代之貴族，皆此類也。

中國自唐虞迄周，其民族之不平等與各國同，故孔子因而改革之，其改革之法，一曰「去世卿」，二曰「抑諸侯」，三曰「普及教育」，四曰「行選舉」。

何謂世卿？晋之六卿、魯之三家其最著也。國有世卿，則政出於私門，而君不能作主，人民雖有聰明才力者，亦不能與聞。故王制有「大夫不世爵」之制，與春秋「譏世卿」義同，蓋世卿既廢，而後論賢否不論貴賤。

何謂行選舉？有世卿則無選舉，無世卿而後有選舉。春秋時如齊之管子，鄭之子産，衛之孔文子、蘧伯玉，無一非出於貴胄。至以孔子之聖而不得其位，子路、冉有政事才而屈於家臣，則因世卿之制限之也。孔子既立大夫不世爵之制，乃立選舉之法。「論定後官，位定後禄〔二〕」，「爵人於朝，與士共之」，其説既興，自秦漢以來有布衣而至三公者，皆其影響所及矣。

向使微孔子，則中國人民其能同享平等之樂如今日乎？此王制平民族階級之大略也，其抑諸侯見於中央集權篇，普及教育另詳下篇，兹不贅。

〔二〕王制本作「論定，然後官之」，「位定，然後禄之」。

十　王制之普及教育

三代以前教育固未普及也。何以未普及？貴族有教育而齊民無教育，是之謂不普及。書舜使夔教胄子，胄子者，世胄之子也。夫典樂而僅教及世胄之子，則人民不與可知也。又使契爲司徒敬敷五教，而其辭曰：「百姓不親，五品不遜。」百姓亦貴族也，故稱堯「克明峻德，以親九族，九族既睦，平章百姓，百姓昭明，協和萬邦，黎民於變時雍」。夫由百姓而下有萬邦，萬邦而下有黎民，則百姓者實堯之宗族，由九族而推之者也。然而舜時立教僅慮及百姓之不親，則平民無與可知也。周代禮制明備，天子有辟雍，諸侯有頖宮，皆以爲教育之地者。然大夫以下未立學者，蓋天子之卿士大夫學於辟雍，諸侯之卿士大夫則學於諸侯之頖宮，至卿大夫以下則爲平民。平民固不及教，是以不立學也。春秋時列國名卿輩出，若鄭之子產號稱博物，衛之孔文敏而好學，然無不出於貴族，則平民之未嘗受國家之教育又可知也。

孔子出而幼孤，不能繼先大夫之位，然以生長世族，故能知學問。又憤貴族之擅權而欲聚平民之力以抵之，乃講學於魯，聚集徒衆至數千人，弟子除南容、孟懿子外無有出於貴族者，嗣是而平民多彬彬然學問君子矣。然終以不得其位，未得遍行其術於天下，乃立爲一王之制以待來者，而教育普及之義即寓其中焉。如「司徒修六禮以節民性，明七教以興民德」，又「命鄉論秀士升之司徒，曰選士。司徒論選士之秀者而升之學，曰俊士」，又命鄉「簡不帥教者以告」，「耆老皆朝於庠，元日，習射上功，習鄉上齒」。夫鄉有選士、有庠、有射禮、有鄉禮，此皆孔子新制，與三代大異矣。此制既發明，自是而戰國若魏文侯之以子夏爲師，若齊宣王之以孟子爲國人矜式，秦并六國選舉博士，皆其影響矣。

十一　王制之改良實業

實業者，民之所賴以生養也。有漁獵者、有遊牧者、有農工商者。漁獵與遊牧，蠻夷時代之實業也。農工商，則文明時代之實業也。孔子時農業已興而捕獵之俗尚多，而不能盡革也。乃立法以節制之，「天子諸侯無事，則歲三田」，「獺祭魚，然後漁人入澤梁；豺祭獸，然後田獵；鳩化爲鷹，然後授罻羅[一]；草木零落，然後入山林；昆蟲未蟄，不以火田；不麛、不卵、不殺胎、不折夭、不覆巢」，凡此皆所以使人專一於農業，由漁獵之俗變爲耕稼之俗，而且養天地好生之德而去殘殺之性焉。此王制改良實業之大旨矣。

[一] 王制本作「然後設罻羅」。

十二　王制之均民貧富

平等之義倡於佛氏，孔子言太平之世大小遠近若一，墨子則言尚同、愛無差等，耶氏則倡言博愛、人人皆上帝之子，皆平等之義。然推類至盡，卒不能行，何也？善、惡、賢、不肖不能均也。其所以不均者，原因非一端，而貧富懸殊則其一矣。夫貧富懸殊，則富者連阡累陌，貧者地無立錐，富者唾棄粱肉，貧者不厭糟糠。如是，則富者必傲，貧者必暴，傲與暴起，民德乃喪，其國必從而不治矣。如是而欲倡言平等，益更不可得矣。

王制爲之立法，曰：「制農田百畝」，過乎百畝者謂之富，減乎百畝者謂之貧，人人百畝則一國中無富民亦無貧民矣，無貧富之民則人人可以勉力爲善，而不爲生計所累矣。雖然，「農田百畝」固矣，而受者之家人口有多寡之不同，不同則不均，田有肥瘠之不同，不同則不均。而孔子固計之甚熟，曰：「上農夫食九人，其次食八人，其次食七人，其次食六人，下農夫食五人。」其立爲如是之差者，蓋因有九人之農則與以食九人之田，八人之農則與以食八人之田，七人之農則與以食七人之田，六人之農則與以食六人之田，五人之農則與以食五人之田，是又以不均之中而求其均也。然猶恐民之以其所蓄積而擴張其田之數也，乃又爲之法曰：「田里不粥。」「田里不粥」則土地歸公，人民雖有兼并之能力，而皆知其無益而不肯爲矣。人民不兼并田里，則一夫百畝之制可以不亂而貧富均矣。或曰，天子、諸侯、卿大夫以至庶人在官者，皆重禄以養之，「諸侯下士視上農夫[二]」、「中士倍下士，上士倍中士，下大夫倍上士，卿四大夫禄，君十卿禄」，君之與民所養相去倍蓰，何以不憂其不均乎？不知王制制禄，皆以所養之人以爲差。在官者職愈大，則事愈繁，用人愈衆，故君禄十倍[三]、卿倍大夫、大夫倍上士、上士倍中士、中士倍下士，亦猶農夫九人則與以九人之田、八人則與以八人之田同例焉，是亦於不同中而見其均矣。夫均貧富之義，泰西今日學者所稱爲最高尚之義者也，而孔子乃見於二千年以前，豈非至聖哉！

[二] 王制本作「諸侯之下士視上農夫」。

[三] 此處缺「卿」字，當作「君禄十倍卿」。

十三　王制之裁制神權篇一

各國宗教有多神之教，有唯神之教，有無神之教。多神不若唯神，唯神不若無神。多神教若今之蠻夷各教，唯神教若今之耶教，無神教則若印度之佛教及吾國之孔教。

何以言孔教爲無神教也？孔子之作易也，曰：「乾元統天」，作春秋則變一爲元。元者，氣也，無形以起，有形以分。易系辭則曰：「易有太極」，「太極」即元氣也，緯書則曰太初、太始、太素，亦氣也。以元氣爲天地之始，則與耶氏之言上帝造物異矣，故孔子實無神之教也。唯其無神，故論語曰：「未能事人，焉能事鬼」，墨子謂儒者「以天爲不明，以神爲不靈」，荀子傳孔子之學亦作非相篇、天論篇以闢陰陽神異之説，蓋儒教固以無神爲主者也。

然當社會文化未開，則鬼神之俗必盛。欲一旦掃除而浄盡之，亦勢有所不能。故王制於神權無棄滅而有限制。其制曰：「天子七廟」、「諸侯五廟」、「大夫三廟」、「士二廟[一]」，此以宗法爲限制者也。「天子祭天地、諸侯祭社稷、大夫祭五祀」，「天子祭天下名山大川」，諸侯祭名山大川之在其地者」，此以名分爲限制者也。夫孔子以宗法立教，故宗廟之祭自天子達於卿、大夫、士。其天地、山川、五祀亦祭之者，天地生之本也，山川、社稷、五祀則舊俗所尚而不能盡革者也，故皆以名分限之於是。論語以非其鬼而祭之爲諂，此非無證據而云然也。

孔子時祭祀之禮固甚繁，非止如王制所云者。周禮春官：「以禋祀祀昊天上帝，以實柴祀日月星辰，以槱燎祀司中、司命、風師、雨師。」鄭司農曰：「司中，三能三階也。司命，文昌宫星。風師，箕也。雨師，畢也。」其所祭未嘗限於天地山川社稷五祀也。又曰：「以血祭社稷、五祀[二]」，又未嘗限以諸侯大夫之分也。論語「季氏旅於泰山」，泰山，名山也，季氏，魯大夫也。而旅泰山又未嘗限于天子諸侯也。故觀於易、春秋、周禮、論語而知王制之限制神權也。

[一] 王制本作「士一廟」。
[二] 周禮春官大宗伯本作「以血祭祭社稷、五祀、五嶽」。

十四　王制之裁制神權篇二

小戴記有月令一篇，出於呂氏春秋，至後漢馬融始採之以入於小戴記内。呂氏爲雜家者，其書於儒、道、墨、法各家皆兼採之，故月令所紀鬼神祭祀多與王制殊，蓋呂氏兼取載舊俗也。

王制「天子祭天地」，即郊社之禮也。郊社之禮所以事上帝，上帝一而已，故郊祭以冬至日舉之。而月令則春月帝太皞神勾芒，夏月帝炎帝神祝融，秋月帝少皞神蓐收，冬月帝顓頊神元冥，中央帝黄帝神后土。如是則王制之祭天地爲省矣。

王制自天地、社稷、五祀、宗廟、名山大川之外皆未之祭，而月令則孟春以太牢祠於高禖[一]，天子親往。高禖者，媒氏之官。高辛氏之世，元鳥遺卵，娀簡吞之而生契，後世

〔一〕月令「以大牢祠於高禖」在仲春。

以爲媒官，嘉祥而立其祠焉。變媒言禖，神之也。此尤爲古代之淫祠矣。孟夏命有司祈祀山川百源〔一〕，大雩。雩，祭名。春秋傳「龍見而雩」，蓋亦舊俗之祭禮也。仲秋命主祠祭禽於四方〔二〕。孟冬「天子祈來年於天宗，大割祠於公社及門閭。」仲冬「命有祈祀四海、大川、爲源、淵澤、井泉〔三〕。」夫「祭禽」、「祭門閭」、「祭井泉」皆王制所無也，此必孔子删之以黜舊俗之非鬼而祭也。故觀月令而知王制之裁制神權也。

〔一〕月令「命有司为民祈祀山川百源」在仲夏。
〔二〕月令「命主祠祭禽於四方」在季秋。
〔三〕月令作「命有司祈祀四海、大川、名源、淵澤、井泉」。

十五　王制之裁制神權篇三

史記封禪書記古代祭祀之俗甚詳，亦多爲王制所不録。如「秦襄公既侯，居西垂，自以爲主少皞之神，作西畤，祠白帝。」「其後十六年，秦文公东獵汧渭之間，卜居之而吉。文公夢黄蛇自天下屬地，其口止於鄜衍，文公問史敦，敦曰：『此上帝之征，君其祠之。』於是作鄜畤，用三牲郊祭白帝焉。自未作畤也，而雍旁故有吾陽畤〔二〕，雍東有好畤，皆廢無祠。或曰：『自古以雍州積高，神明之奥〔三〕，故立畤郊，上帝諸神祠皆聚云。』」按王制祭天地而已，而秦之祭則有西畤、鄜畤之祭，乃以黄蛇爲上帝，則祭及動物矣。「後九年文公獲若石雲，於陳倉北阪城祠之。其神或歲不至，或歲數來，來也常以夜，

〔二〕史記封禪書本作「吴阳武畤」。
〔三〕史記封禪書本作「神明之隩」。

光輝若流星，經東南來集於祠城〔一〕，則若雄雞，其聲殷云，野雞夜雊。以一牢祠，命曰陳寶。作鄜畤。」按，獲若石者，蘇林曰：「質若石也。」此蓋隕石之屬，而以爲神而祠之，則祭及土石礦物矣。

「後七十八年，秦德公既立，卜居雍，後子孫飲馬於河，遂都雍。雍之諸祠自此興。用三百牢於鄜畤。作伏祠。磔狗邑四門以御蟲災。德公立二年卒，其後六年，秦宣公作密畤於渭南，祭青帝。」凡此皆與王制之義相反。夫雍州爲周之故土，固舊學家所稱以爲西京雅化之地者，乃自秦以前則有武畤、好畤，史且稱爲神明之奧，自秦以後則有鄜畤、密畤、陳寶之祭，則孔子以前實多神之俗無疑矣。

「始皇之上太山，中阪遇暴風雨，休於大樹下。」「諸儒生聞始皇遇風雨，則大譏之〔二〕。於是始皇遂東遊海上，行禮祠名山大川及八神，求仙人羨門之屬。八神將自古而有之，或曰太公以來作之。齊所以爲齊，以天齊也。其祀絕，莫知起時。」按八神一曰天主、二曰

〔一〕史記封禪書本作「從東南來集於祠城」。
〔二〕史記封禪書本作「則譏之」。

地主、三曰兵主、四曰陰主、五曰陽主、六曰月主、七曰日主、八曰四時主，亦不在王制所祭之内。而史記能詳而載之，則在周時猶未革可知矣。

故觀於史記之封禪書而知王制之裁制神權矣。夫以孔子一布衣而能著書以改革政俗，乃至鬼神祭祀之璅亦酌之使之不濫，故孔子實一大改革家也。泰西各國有爲政治之改革者，孟的斯鳩、盧梭是也；有爲宗教之改革者，日耳曼之路德是也；有爲學術之改革者，倍根、特加爾是也；有爲社會之改革者，達爾文、斯賓塞是也。而觀於王制，則實并宗教、學術、政治、社會而改革之，豈非至聖哉！

十六　漢制與王制相類

王制即春秋制也。两漢君臣論治皆誦法春秋，故一切制度亦與王制相類。蓋自秦漢以來爲中國政界之取法者，曰王制，曰周禮。自漢迄六朝則多法王制，自隋唐迄近代則全法周禮。故六朝師漢者也，漢師王制者也。欲知漢魏六朝之制不可不知王制，今試引而證之。

（一）漢代封建郡縣并行與王制相類

秦滅六國，廢封建爲郡縣，六國之後恐秦之無道，共起而亡秦。漢鑒其弊，乃封同姓爲王、異姓有功者爲侯。後因七國之亂，摧抑諸侯王不得自治民，補吏令内史治之，減黜其百官，又留列侯於京師不使就國。武帝即位，下推恩之令，使諸侯王裂地封子弟爲列侯以屬漢郡，禁網漸密。其後列侯坐酎金不如法奪爵者百餘人，自是王侯盡失權勢，無撫字之責，唯得衣食租税。其後省内史令相治國，國相與郡守名異而職同，侯國亦有相改所食縣鄉長吏爲之，而其職如舊。故景、武以後雖有王侯之政，而郡縣之政行於全國，其法與王制之尊天子而抑諸侯一也。王制「公、侯百里，伯七十里，子、男五十里」未嘗無土地以爲食禄之具，而「大國之卿命於天子」則亦如漢之諸王不能自行補吏矣。天子命之教然後學，命之弓矢然後征，命之斧鉞然後殺，用地大小視年之豐耗，不能自主必聽令於天子，則諸侯除食禄外實無政治之權。與漢之諸侯王無撫字之責但衹食租税者無以異矣。蓋自賈誼、主父偃、晁錯倡制諸侯之論，實本源於王制而卒影響於實事，此其所以案之而相類也。

（二）寓選舉於學校之中與王制相類

學校之與選舉，宜合不宜分者也。合之則人賢否愚智稽核於平日，而取之不誤。分之則人之賢否愚智稽核於臨時，而所失必多。自唐以後分，而人才乏可以見矣。漢世選舉寓於學校之中，則合之法。

史記儒林傳「制曰：『蓋聞道民以禮，風之以樂。婚姻者，居室之大倫也。今禮廢樂崩，朕甚愍焉。故詳延天下方正博聞之士咸登諸朝。其令禮官勸學，講議洽聞興禮，以爲天下先。太常議，與博士弟子，崇鄉里之化，以廣賢材焉。』謹與太常臧（孔臧也）、博士平等議曰：『聞三代之道，鄉里有教。夏曰校，殷曰序，周曰庠。其勸善也，顯之朝廷；其懲恶也，加之刑罰。故教化之行也，建首善自京師始由內及外。今陛下昭至德，聞大明，配天地，本人倫，勸學修禮，崇化厲賢，以風四方，太平之原也。古者政教未洽，不備其禮，請因舊官而興焉，爲博士官，置弟子五十人復其身，太常擇民年十八已上、儀狀端正者，補博士弟子。郡國縣道邑有好文學、敬長上、肅政教、順鄉里、出入不悖所聞者，令相長丞上，屬所二千石。二千石謹察可者，當與計偕詣太常受業如弟子。一歲皆輒試，能通一藝以上補文學掌故缺；其高第可以爲郎中者，太常藉奏。即有秀才異等，輒以名聞。其不事學若下材及不能通一藝者輒罷之〔二〕，而請諸不稱者罰。臣謹按詔書律令下

〔二〕史記儒林列傳本作「其不事學若下材及不能通一藝輒罷之」。

者，明天人分際，通古今之義，文章爾雅，訓詞深厚，恩施甚美。小吏淺聞，不能究宣，無以明布諭下。治禮次治掌故，以文學禮義爲官，遷留滯。請選擇其秩比二百石以上，及吏百石通一藝以上，補左内史、大行卒史；比百石以下，補郡太守卒史，皆各二人，邊郡一人。先用誦多者，若不足，乃釋掌故補中二千石屬，文章掌故補郡屬，備員。請著功令。他如律令。』制曰：『可。』」儒林傳所叙如此，所謂博士弟子猶今生員也，詣太常受業如弟子猶監貢也。通一藝者補文學掌故缺，高第者可以爲郎中，既爲文學掌故可以補郡屬備員，則選舉實寓於學校矣，而其立法之意實本於王制。王制「大樂正論造士之秀者以告於王，而升諸司馬，曰進士。司馬論辯官材，論進士之賢者以告於王，而定其論。論定然後官之，任官然後爵之，位定然後禄之」。按所謂「造士」者即本於司徒之所升之「俊士」，司徒之所升即本於鄉所上之「選士」，乃即由此而達於司馬，而官之亦寓取士之法於學校之中。漢世崇尚經術言六藝者咸宗孔子，故其法之類乎王制如此。自隋唐以來，别立院以試士，皆憑一日之長而定去取，而王制之義遂廢之矣。

（三）關内侯之設與王制相類

王制「天子之縣内諸侯，禄也；外諸侯，嗣也」。此即文王治岐仕者世禄之義也。何以謂之世禄？子孫寄食於縣内而無繼世以爲諸侯之義，蓋天子選賢與治，不能用諸侯之子孫以誤國事，而其先人之有功德於民者，又不可無法以優寵其後人。故立爲此制，令其得食禄而不得領土地。漢用其法而行之，有關内侯之設。關内侯者，列侯出關就國，但爵其身，其有家累者，寄食關内之邑，無掌理土地之權，其意亦如王制，恐列侯子孫不肖，不能與以土地也。後代此制不行，於是晋有八王，唐有藩鎮，而國初有三藩之叛矣。

（四）以三公統百官之法類於王制

夫家天下者非聖人之意，不得已也。世界未進於大同，則共和之制不能驟行，故與子不與賢之舊俗不能驟革，而又不可聽一家一姓之所爲也。於是乎於與子之中而佐以與賢之法，而三公之職重焉。三公者有德、有學、有勛望，可以輔佐天子者也。王制以元士統於大夫，以大夫統於九卿，以九卿統於三公。有三公，則君而賢者固可以襄理萬機，君而不肖亦可以主握朝綱。伊尹之於太甲，周公之於成王是矣。孔子曰：「君薨，百官總己聽於冢宰。」故國雖不必有明君，而不可無賢宰相，此孔子昇平之要術也。漢世三公之下有曹掾分職任事，而三公則信任極重無所不統，無異王制之以九卿統於三公矣。群臣見之皆□[一]，天子見之爲起，在輿爲下。其尊崇如此，更爲王制所無，而要必由王制三公統百官之義演繹而出之者也。夫在諸侯則恐其不賢，而命卿之權操天子，既又恐天子之未必賢而政權附諸宰相，孔子憂天下之意抑何密哉！

[一] 此處王制通論刻本缺一字。

十七　王制實以決立法權之故

政治原理有三權，曰立法權、曰行政權、曰司法權，三者並立不可少也，而尤以立法爲最要。泰西之議院皆立法之權所在也，王制無之。曰：「爵人於朝，與士共之；刑人於市，與衆棄之。」民人得參與政法矣。然祇爵人、刑人二者與士民共之，未可謂士民有立法權也。必一國之法律、財賦、外交諸政盡由民人議定，君主承而行之，不能有所出入，而後謂之立法權，王制故無此也。

其所以無此者，其時尚未可也。王制之法固爲現在者也，凡有不切於現在不能即行者皆勿言。議院立法必待教育普遍、人人有政治思想而後能行之，必待人人能知通國利病、所發言論切中時宜者而後能行之，必待人人能爲一國盡義務、不以私益害公益者而後能行之。以此而求之今日之中國猶相去萬里，況在二千年以前貴族之階級未去、教育尚未普及、民智復極愚陋，而欲與以立法之權，適以生亂而已。詩曰：「如彼築室於道謀，是用不潰於成。」未至其時而驟言民權立法，是將築室而道謀也。墨子曰：「一人一義，十人十義，百人百義，千人千義。」誠以爲意見不一則事不成也。意見何以不一？則以民智未開，真確之利弊知之者鮮，故各以其所非而非人之所是，各以其所是而是人之所非，終至彼亦一是非，此亦一是非，而必無成矣。

孔子知其義如此，故以立法權並於行法權中，而統一於天子。天子命之教然後學，冢宰制國用而天下遵之。故中庸曰：「非天子不議禮，不制度，不考文。」此可爲王制法意之代表矣。當時當據亂，則以智治愚、以賢治不肖，則天子惟選賢能以參與政事，不能以立法大權通付之人民也。孔子曰：「衆好之必察焉，衆恶之必察焉。」不以衆人之好恶爲是非，又焉能以衆人所立而行之乎？雖然此王制昇平之法也，而尚書有曰：「闢四門，明四目，達四聰。」洪範則曰：「謀及庶人。」又純乎議院立法之政矣，而孔子删書亦亟録之，何也？王制爲昇平，尚書太平也。

十八　王制之義有爲今日所當行者

王制之義有中央集權之義，自秦後行之；有平民族階級之義，亦自秦後行之；有教育普及之義，自漢後行之；有均貧富之義，王莽時行之而未成。而其中所未行者，一曰限制君權，二曰分權於民，三曰裁抑神權。此三者古未嘗行焉，而今日所當急務者也。

夫君權無限制則任其自作威福，而民人不堪其害矣。中國自漢以前，君權雖日益發達而學者之議論足以相抵。自周禮、左傳之説盛行，專以尊君奉君爲事，而絶無限制。其尤甚者則閹寺設立，充斥宮廷，飲食之供，無有會計。一若萬民不可以不儉而天子不可以不奢，天下可以不富而天子不可以或貧，四海可以茹苦而一人自可獨樂。唐宋以來，儒者復大助其焰曰：「君主出令者也，民者行君之令者也〔二〕。」孔子所謂：「予莫樂乎爲君，爲其言而莫之違者也〔三〕。」孔子以爲喪邦之言，而後儒乃以爲倫理之正，宜乎有宋之世君極不肖，大來種族之憂，而儒者猶第知曰君父之仇，而不能聯合民氣以大有爲於天下也。是皆由不知君權之有限制爲之也。方今列强競立，或主立憲，或主共和，吾中國未可以一蹴而至，而要之限制君權必不可少之義矣。

中國國大矣，人衆矣。國大則鞭長莫及，人衆則禮俗各異，以天子一人而欲一一代爲理之，未能也。中國向來專制而人民多反，多享意外之自由。職是故也，欲正其失莫如行地方自治之制，令各因地所宜俗所尚而修理之，而精神則仍統一於朝廷，即王制分權於民之義也，爲今日所宜亟倣者矣。

神權最爲害於民智者也，神思遍地且壟斷國之財權，此俗不破則教育難興，一也。貧富皆委之杳冥而不知自主，如是則惰民必衆，二也。信仰不一，則道德不齊，團體必不能

〔二〕韓愈原道本作「君者，出令者也；臣者，行君之令而致之民者也」。
〔三〕論語本作「予無樂乎爲君，唯其言而莫予違也」。

成立，三也。置有用之財於無用之地，能分利而不能生利，四也。故今日若言無神或尚嫌過早，而本王制之義定其差限，使務民義而一風俗，則爲最要矣。若夫實業之改良，則今日已大過乎前，貧富之維均，則不切於現勢，故略之焉。

王制義按

程大璋　著

本書點校説明

一、本次整理以民國十九年刻本爲底本。

二、原書正文中夾雜有程大璋自注及鄔慶時按語，皆以雙列小字排版。今整理一律改爲單列大字，以圓括號標明起止。

三、原書經文譌誤處、引用舛誤處，整理保留原貌，於校註中予以説明。

四、原書之錯、譌、衍字，徑改不出校註。

呂明烜

二〇一八年七月

王制義按序

鄔慶時

慶時校刊程子良先生王制通論既成，復取王制義按付諸剞劂，都三卷。是書爲先生在桂林時所考定，至光緒二十九年講學廣州，乃加按語。慶時嘗以編「冢宰制國用」於篇末之故請於先生，先生答之曰：「冢宰本在前。然制國用既於歲杪，百官齋戒受質，然後休老、勞農、成歲事、制國用，以月令考之亦同，則制國用之事宜在其末。且孔子深慮國家之弊不能藏富於民，於是履畝、丘甲、加賦、重征、頭會、箕斂、月樁紛紛而作，故務取民之無菜色而後日食以樂，謂先天下而憂後天下而樂，務憂民而無自逸，義至深遠。故以之終篇。」先生言之若重有憂者爾。時量出爲入之説新自東洋流入，研究理財學者頗非議古人之薄税，以爲凡百設施非財不行，欲推行新政，勢不能復藏富於民，主張藏富於民無異阻撓新政。一時風起雲湧，披靡全國，無敢稍持異議。先生有憂之，特托是書以見志。而自是之後，不惟無所謂制國用，並無所謂國用，予取予攜，一若以藏富於民爲大戒，然其富亦不藏於國也。先生編著是書之遠慮至是乃大明，而是書之刊布益覺其不可以已。刊成，因述先生之言以爲之序。

中華民國十九年夏至日　弟子番禺鄔慶時識於廣州半帆樓

王制義按卷一

禮記王制篇，理大物博，恢恢乎經緯天人之書。其本末兼賅、條理有序，尤傳記之所無也。盧植謂「漢文帝令博士諸生作」，然史記文帝所造書本制、兵制、服制篇，非今王制也。鄭康成以王制制度與孟子同，故答臨碩云「孟子當赧王之際，王制之作復在其後」，蓋無所據，但臆度之詞。今以王制之義驗春秋。公羊譏世卿而王制大夫不世爵禄，穀梁古者什一藉而不税而王制公田藉而不税，其他班爵禄三等、蒐狩四時、葬不爲雨止、不近刑人，無一義不重規叠矩也。推考他書，自劉歆未僞竄古學之前，凡周秦傳記、西漢論説莫不同條共貫，絶少紛綸。展轉尋求，參證互校，乃知西漢以前學出於一，皆爲孔子改制之禮，而王制者，蓋孔子將修春秋，損益周禮而作。王者謂素王，王制者素王改制之義。（勾容陳立、德清俞樾皆有此説）乃知孔子以布衣之賤而上繼堯、舜、禹、湯、文、武、周公之統者，不徒道德之高，實沿制度之大一統也。（孟子論堯、舜、三王而及孔子，必以春秋爲據。又云「春秋天子之事也」）漢世政事皆用孔法，至於今二千年，士夫無世官，郡國興科舉，皆王制之禮。而漢唐及明忽不近刑人之戒，遂亡其宗社。聖法之垂鑒大哉。孔子作春秋而改制，自孟子至漢儒無異説。及左傳大興，而公穀師法淪斁；老佛盛行，孔學衰息，學術廢塞，生民不被其澤，耗矣哀哉。禮記義禮博大，皆七十子之説，孔子之微言大義多存焉。大學之教義理精美，王制之法經世條備，其博大宏深、首尾畢舉則一也。宋儒精於義理，独拔出大學以教士，而王制尚雜戴記中，又多錯簡，或記注雜出。今考經文條理秩序，因與同門諸子集周漢傳説以證明之，使孔子經世之學一旦復明於天下，俾後世言制度者有所折衷，考禮者有所依據不復聚訟，好古隆禮之士，其諸亦樂於此歟？〔一〕

王者之制爵禄〔二〕，公、侯、伯、子、男，凡五等。

按，「王者之制」即孔子之制。孔門稱孔子爲「素王」（春秋家言）〔三〕，爲「先王」（荀子説），爲「文王」（王衍期説）。由此而推，凡傳記所稱「王」皆指孔子也。孔子作六經，義理、制度以口授弟子，此篇所載各制，皆出自孔子，而爲七十子所述，故開宗明義即稱曰「王者之制」。「公、侯、伯、子、男」五爵，今各國猶

〔一〕此段全録康有爲考定王制經文序，與萬木草堂遺稿本略有出入。

〔二〕「制爵禄」今禮記本作「制禄爵」。

〔三〕從下文來看，王制義按正文小字來源複雜，有程大璋著時所注，有程氏後來增補，亦有鄔慶時編訂時所加按语。大致來講，有「慶時按」字樣者爲鄔慶時語，其餘多爲程氏自注，然究竟是程氏義按原注，抑或校改時所增，則難以辨清。

用之。自非天下大同、人人有士君子之行、無智愚賢不肖之等，則政教之設不能大小若一。因物而施，不平而平，爵禄之制因是而起。若夫天下多故，曾賴賢能底平，事後不能勞之以政，身後不能靳之以恩，則此制爲宜，貴而不用、寵而無權，由是國家無崩解之患，世族免殲亡之憂。此漢之關内侯所以見稱於龔自珍也。孔子誠製作之聖乎！

諸侯之上大夫卿、下大夫、上士、中士、下士，凡五等。

天子之田方千里，公、侯田方百里，伯七十里，子、男五十里。不能五十里者，不合於天子，附於諸侯，曰附庸。

按，天子以至公、侯、伯、子、男、附庸，皆與以田。而諸侯之上大夫以下，則未嘗與以田者，此孔子欲廢世卿而爲選舉之意也，故下文曰「大夫不世爵禄」。其所以不廢諸侯者，時尚未可也。

天子之三公之田視公、侯，天子之卿視伯，天子之大夫視子、男，天子之元士視附庸。

按，諸侯之卿、大夫、士既不受田矣，何以天子三公、卿、大夫、士而有田？所以尊天子而抑諸侯，此一義也。春秋諸侯之賢者爲天子之大夫，若不與以田，則是不賢者有田而賢者反奪之田，此又一義也。

制農田百畝。百畝之分，上農夫食九人，其次食八人，其次食七人，其次食六人，下農夫食五人。庶人在官者，其禄以是爲差也。

按，「制農田百畝」者，此後世限田之制、口分世業之法所由本也。孔子曰：「有國家者，不患貧而患不均」，制田百畝所以均也。生計學之公例，以土地、人力、資本三者合而成財。然人力、資本可以人事轉動之，至於土地，出乎天然而竟爲人所佔據。令彼太有餘此太不足，有土地者雖怠惰而可享無窮之利，無土地者雖勤苦而所得有限，非公理也。故王制有授田之法，所以盡萬民之力，以自養而無所怨尤也。九人、八人、七人、六人、五人之分，因田有肥磽之故。然此亦非不均也，有九人之家則與以食九人之田，有八人之家則與以食八人之田，推之七人、六人、五人亦復如是。庶人在官之禄以是爲差，則王者制禄之厚，必令足以養其家，所謂王道不外人情也。

諸侯之下士視上農夫，禄足以代其耕也。中士倍下士，上士倍中士，下大夫倍上士，卿四大夫禄，君十卿禄。

按，觀「禄足以代耕」之言，可以知聖人意矣。聖人以爲人生天地，皆當自食其力，而不能取於人也。農者所以自食其力者也，然人人自食其力而盡力於田畝，則公利公害莫之興、莫之除也。於是有禄以代耕之義，而與農者通功易事焉。要亦各食其力而已。此義不明，於是先有不盡職之君與臣，而後有厲民以自養者矣。

次國之卿三大夫禄，君十卿禄。小國之卿倍大夫禄，君十卿禄。〔一〕

諸侯之下士禄食九人，中士食十八人，上士食三十六人。下大夫食七十二人，卿食二百八十八人，君食二千八百八十人。

次國之卿食二百一十六人，君食二千一百六十人。

〔一〕王制義按經文編排次序承襲自康有爲考訂王制經文，與今禮記本次序不同。康有爲、程大璋認爲王制「多錯簡，或記注雜出」，因此需「考經文條理秩序」，重新編排其順序。

小國之卿食百四十四人，君食千四百四十人。

右敘禄〔一〕

天子三公、九卿、二十七大夫、八十一元士。

按，「三公」者，司徒、司馬、司空也。「三公、九卿、二十七大夫、八十一元士」數皆以三推。孔子著述最喜言三，隅曰「三隅」、人曰「三人」、世曰「三世」、統曰「三統」、復曰「三復」、才曰「三才」。蓋萬物之數始於一，「一生二，二生三，三生萬物」，孔與老不能異其旨。故其作王制、立官數亦以三起算，其義非偶然也。自漢魏以迄六朝，制度雖有異同，而總不出九卿之制。及蘇綽變法遵用周禮，始設六卿，至今不改，是爲六部，失孔子之意矣。（慶時按，先生作此書時，清室尚未變法，故仍爲六部。）且計學公例，職業愈分則政俗愈文明，今省九卿爲六卿，則分職既少，事必不專而百度必廢弛而不理，中國政治之所以無進步者，實由於此。荀子曰：「有治人，無治法。」由今思之，亦不盡然乎。（清日戊戌以前敝正在此。）

〔一〕「右敘禄」爲康有爲考訂王制經文所加段落標記，程大璋承襲之，下同。

大國三卿，皆命於天子。下大夫五人，上士二十七人。次國三卿，二卿命於天子，一卿命於其君。下大夫五人，上士二十七人。小國二卿，皆命於其君。下大夫五人，上士二十七人。（凡「五」字皆「九」字之誤。）

按，此節大國命卿之權操於天子，小國命卿之權操於其君，次國則半有權而半無權焉，此可以知孔子改制之意矣。孔子志在一統也，當時諸侯勢力尚大，不能驟去其土地，故定其里數，使不相侵奪而已。里數既定，而用人行政之權仍操於諸侯，則争奪之患仍所不免。故大國命卿之權悉操於天子，次國地小，故得命二卿焉，小國地尤小，故二卿皆命於其君也。此孔子治國之術也。（孟子謂「象不得有爲於其國，天子使吏治其國」亦同此旨。）

其有中士、下士者，數各居其上之三分。

按，七輔之序皆三相推，卿既三人以當天子之三公，則大夫必九以當天子之九卿。且下之上士二十七人，中士、下士數各居其上之三分，則大夫必九人也。前節「五」字必爲「九」字之誤，於此可見。白虎通云「五大夫」，其誤亦同此。

右叙官數

制三公一命卷。若有加則賜也，不過九命。次國之君不過七命，小國之君不過五命、大國之卿不過三命，下卿再命，小國之卿與下大夫一命。

按，命者猶今之言品級也。今之品級由一而九，自尊而推至卑，王制之品數由一而九，自卑而推至尊。故曰，不過九命，次則不過七命，又次則不過五命、三命也。鄭注：「卷，俗讀也，其通則曰『衮』。三公八命矣，復加一命則服龍衮，與王者之後同。多於此則賜，非命也。」蓋孔子作春秋存二王之後，其服龍衮爲特别之待法，所以異於諸侯，故有九命之制焉。

次國之上卿位當大國之中，中當其下，下當其上大夫。小國之上卿位當大國之下卿，中當其上大夫，下當其下大夫。次國之卿命於其君者，如小國之卿。

右叙命位

凡四海之内九州，州方千里。州建百里之國三十，七十里之國六十，五十里之國百有二十。凡二百一十國，名山大澤不以封，其餘以爲附庸、閒田。八州，州二百一十國。

按，此畿外封建之制也。「方千里者」以方根言，故每州有方百里者百（見下記注）。故除封國之外，尚有名山大澤焉。九州而言八州者，有一州以爲天子之邦畿也。

天子之縣内，方百里之國九，七十里之國二十有一，五十里之國六十有三，凡九十三國，名山大澤不以分，其餘以禄士、以爲閒田。

按，此天子畿内封建之制也。「方百里之國九」所以待三公也，「七十里之國二十有一」所以待卿也，「五十里之國六十有三」所以待大夫也，「其餘以禄士、以爲閒田」則所以待元士也。天子三公、九卿、二十七大夫、八十一元士，官數與國數不符。官數少而國數多者，兼公、卿、大夫養老之地在内也。鄭注詳之矣。

凡九州，千七百七十三國。天子之元士、諸侯之附庸不與。

右叙建國

方千里者，爲方百里者百。

按，方千里者，方邊千里也。千里自乘，得一百萬里，以方一百里除之，得一百，故曰「爲方百里者百」。

其式如下：

$1000^2 = 1000000$〔一〕

$1000000/(100)^2 = 100$ 方百里〔二〕

〔一〕 原書算式數字皆用漢字，今統一用阿拉伯數字整理。

〔二〕 算式原作：$1000000/(100)^2 = 100\ (100)^2$，爲避免混淆，後面用作單位的$(100)^2$今改作「方百里」，下同。

封方百里者三十國，其餘方百里者七十。

按，方百里者三十國，即公、侯之國三十也。一百個方百里減去三十個方百里，餘七十個方百里。故曰「其餘方百里者七十」。其式如下：

100 方百里 – 30 方百里 = 70 方百里

又，封方七十里者六十，爲方百里者二十九，方十里者四十。

按，方七十里者六十，即伯國六十也。七十里自乘以六十，乘之得二十九萬四千里。又以方百里除之，得二十九餘四千里。復以方十里除之，得四十，故曰「爲方百里者二十九，方十里者四十」。其式如下：

60 * $(70)^2 = 294000$

294000/$(100)^2 = 29$ 方百里 + 4000 方里

4000/$10^2 = 40$ 方十里

其餘方百里者四十，方十里者六十，又封方五十里者百二十，爲方百里者三十，其餘方百里者十，方十里者六十。

按，方百里者七十，減去方百里者二十九、方十里者四十，餘四十萬零六千里。以方百里除之，得四十餘六千里。又以方十里除之，得六十，故曰「其餘方百里者四十，方十里者六十」。以此餘數又封方五十里者百二十，即子男之國百二十也。五十里自乘以百二十，乘之得四十萬零六千里，又以方百里除之，得三十餘一十萬零六千里。復以方百里除之，得一十餘六千里。再以方十里除之，得六十。故曰「爲方百里者三十，其餘方百里者十，方十里者六十」也。即以之爲附庸、閒田之數。其式如下：

$70 *（100）^2 -［29 *（100）^2 + 40 *（10）^2］= 406000$

$406000/（100）^2 = 40$ 方百里 + 6000 方里

$6000/10^2 = 60$ 方十里

$120 *（50）^2/（100）^2 = 30$ 方百里 + 106000 方里

$106000/（100）^2 = 10$ 方百里 + 6000 方里

$6000/（10）^2 = 60$ 方十里

名山大澤不以封，其餘以爲附庸、閒田。諸侯之有功者，取於閒田以禄之。其有削地者歸之閒田。（「名山」二句重出。疑記注連經文並録，所以重也。「諸侯之有功者」數句疑非記注，姑附於此耳。）

天子之縣内，方千里者爲方百里者百。

按，此稽畿内封建里數也。其式與前「方千里」節同。

封方百里者九，其餘方百里者九十一。

按，此爲天子三公而設之九也。一百個方百里減去九個方百里，餘九十一個方百里。故曰「其餘方百里者九十一」。

又封方七十里者二十一，爲方百里者十，方十里者二十九。

按，此天子九卿之田，二十一分也。七十自乘，以二十一乘之得十萬零二千九百里。又以方百里除之，得一十，餘二千九百里。復以方十里除之，得二十九。故曰「爲方百里者十，方十里者二十九」。

其餘方百里者八十，方十里者七十一。又封方五十里者六十三，爲方百里者十五，方十里者七十五。

按，方百里者九十一減去方百里者十、方十里者二十九，餘八十萬零七千一百里。以方百里除之，得八十餘七千一百里。又以方十里除之，得七十一。故曰「其餘方百里者八十，方十里者七十一」。以此餘數又封方五十里者六十三，即子男之國，天子所以待大夫也。五十里自乘，以六十三乘之，又以方百里除之，得十五餘七千五百里。復以方十里除之，得七十五。故曰「爲方百里者十五，方十里者七十五」。

其餘方百里者六十四，方十里者九十六。

按，方百里者八十、方十里者七十一，減去方百里者十五、方十里者七十五，餘六十四萬九千六百里。以方百里除之，得六十四餘九千六百里。又以方十里除之，得九十六。故曰方百里者六十四，方十里者九十六。

右建國記注

方一里者爲田九百畝。

按，此即井田之制也。孟子曰：「方里而井，井九百畝。其中爲公田，八家皆私百畝，同養公田。」即此制也。

方十里者，爲方一里者百，爲田九萬畝。方百里者，爲方十里者百，爲田九十億畝。方千里者，爲方百里者百，爲田九萬億畝。

按，方十里之地有田九萬畝，則子、男之田四十五萬畝矣。方百里者有田九十億畝，爲公、侯國内之田矣。九萬億畝爲天子畿内之田矣。天子曰兆民，諸侯曰萬民，有如是之田數，故貧富均而民德立焉。

自恒山至於南河，千里而近。自南河至於江，千里而近。自江至於衡山，千里而遥。自東河至於東海，千里而遥。自東海至於西河〔二〕，千里而近。自西河至於流沙，千里而遥。西不盡流沙，南不盡衡山，東不盡東海，北不盡恒山。

按，此一節論四海内地遠近里數也。孔子欲定封建里數及井田之制，則内地遠近不能不預爲清算。以爲布置之地也。鄭注恒山至南河「冀州域」（今山西地），南河至江「豫州域」（今河南地），江至衡山「荆州域」（今湖北地），東河至東海「徐州域」（今山東地），東海至西河亦「冀州域」（亦今山西地），西河至流沙「雍州域」（今陝西地），皇氏曰「千里而近」者，謂「以千里言之，其地稍近，言不滿千里也」。「千里而遥」者，「謂以千里言之，其地稍遠，言不啻千里也」。古者測度未及今日之精，經緯之度未明，故定地之遠近皆以山河爲准也（以記憶而論，則以山河爲准便于以經緯線爲准）。

〔二〕今禮記本「東海至於西河」作「東河至於西河」。

凡四海之内，斷長補短，方三千里，爲田八十萬億一萬億畝。方百里者，爲田九十億畝。山陵、林麓、川澤、溝瀆、城郭、宫室、塗巷三分去一，其餘六十億畝。

按，「四海之内」以下，九州之大計也。「方百里」以下，一國之大計也。

右叙井田

古者以周尺八尺爲步，今以周尺六尺四寸爲步。古者百畝，當今東田百四十六畝三十六步。古者百里，當今百二十一里六十步四尺二寸二分。

右井田記注

天子百里之内以共官，千里之内以爲御。

按，天子地大千里，爲方百里者百。以一個方百里之田所出之數以共官之用，以王城四面計之，則每面方百里，共四個方百里，並王城方百里爲五個。方百里其圖如下：

	方百里	
方百里	王城	方百里
	方百里	

以五個方百里減百個方百里〔二〕以爲御之用，此孔子爲天子立預算之數也。「官」謂文書財用，「御」謂衣食

〔二〕「減百個方百里」或誤，當爲「減一個方百里」。

文書。衣食之用每年皆指定其地所出以供給焉，一所以防濫費，一所以杜侵蝕，此孔子理財之術也。

千里之内曰甸，千里之外曰采、曰流。

按，鄭注「甸」：「服治田，出穀税」；「采」：「九州之内地，取其美物，以當穀税」；「流」：「謂九州之外也。夷狄流移，或貢或不。禹貢荒服之外，『三百里蠻，二百里流』」。

右叙内外

千里之外設方伯。五國以爲屬，屬有長。十國以爲連，連有帥。三十國以爲卒，卒有正。二百一十國以爲州，州有伯。八州，八伯、五十六正、百六十八帥、三百三十六長。八伯各以其屬屬於天子之老二人，分天下以爲左右，曰二伯。

按，此節以長屬於帥，以帥屬於正，以正屬於伯，以八伯屬於天子之二伯。所以使内外相維，大小相屬，天下雖遠，猶一身焉。上有所爲，如身之使臂、臂之使指，無有偏而不舉之患。（劉孟治説）蓋孔子以諸侯之土地雖定，而仍恐其散漫無紀，難以積成統一之治法。故復立是制也。

右叙方伯

天子使其大夫爲三監，監於方伯之國，國三人。

按，古者方伯之制，其職則今之藩臺也。其所轄土地之大，則等於今之制府矣。天子既設方伯以監諸侯，而又恐方伯之專職，乃復設三監之官以監之。猶明之有監察御史也。（慶時按，凡言「今」俱指清时）

天子之縣内諸侯，禄也。外諸侯，嗣也。

按，鄭注：「選賢置之於位，其國之禄如諸侯，不得位[一]。」又按，禄者所以養也。天子之三公、九卿、二十七大夫，多以外諸侯之賢者爲之。其祖父既爲天子效力，則其子孫不可不設禄以報之。而所以不得位者，

〔一〕「不得位」今禮記正義本作「不得世」。

天子日理萬機，非賢不能。公卿大夫之子孫未必賢，故令其食禄而不治事，所以不得位也。漢之「關内侯」，其意亦猶是也。考周世制度，周公次子仕周，世爲公卿。召公之後仕周，世爲公卿。詩刺尹氏世秉國政，春秋傳記鄭桓公、莊公、武公世爲卿士。由此觀之，則周世内諸侯實不止世其禄，而且世其位矣。孔子改周之制，故有内諸侯禄也之法焉。至於外諸侯嗣者，即封建之制不能驟廢諸侯之故。

諸侯世子世國，大夫不世爵。使以德，爵以功。未賜爵，視天子之元士，以君其國。諸侯之大夫不世爵禄。

按，「諸侯世子世國」，所謂「外諸侯嗣也」。「大夫不世爵」者，春秋「譏世卿」之旨也。孔子以前，諸侯大夫皆世及，如晋之六卿、魯之三家、鄭之七穆、齊之田氏皆是。孔子欲以天子行選舉之法，令諸侯之卿命於天子，故大夫不世爵。「視天子之元士，以君其國」者，言所食之禄皆在方五十里以下之數也。「使以德，爵以功」，故「大夫不世爵禄」。

天子之大夫爲三監，監於諸侯之國者，其禄視諸侯之卿，其爵視次國之君。其禄取之於方伯之地。

按，三監之禄視諸侯之卿，則不及方五十里所出之數者也。而其爵視次國之君，則伯爵也。二監禄輕而爵尊者，蓋三監除監察外無他事，所費無多，故其禄輕。非尊其爵不足以臨於方伯，故其爵視次國之君焉。其禄取之方伯，則無一定之地。爲三監之禄盡由方伯所供給者也。

右叙内外臣衛伯方監官爵禄記注

卷一終

弟子鄔慶時校刊

王制義按卷二

方伯爲朝天子，皆有湯沐之邑於天子之縣内，視元士。

按，「湯沐之邑」即朝宿之邑也。「視天子之元士」者，其田如附庸，不及五十里。或曰：「古者方里而井，四井爲邑。」則「朝宿之邑」爲方里者四矣。所以名爲「湯沐之邑」者，沐浴齋戒以見天子，其用皆出於此邑内，故名焉。所以方伯獨有之者，天子以三監爲耳目，以方伯爲手足，與各諸侯不同，故待之特異也。

諸侯之於天子也，比年一小聘，三年一大聘，五年一朝。

按，鄭注：「比年，每歲也。小聘使大夫，大聘使卿，朝則君自行。然此大聘與朝，晉文時所制也〔一〕。」又按，古者天子稱「元后」，諸侯稱「群后」，其尊卑相去無幾。故諸侯之於天子，不過如孟子所謂以小國事大國之意，此比年一小聘所以其制爲最古。至晉文時，欲尊周室以成霸業，乃立大聘與朝之例，而孔子沿之以作王制。此亦中國政治變遷之一案也。晉文之立大聘與朝也，爲尊周計。而孔子之言朝聘也，爲盡民事計。孟子曰：「諸侯朝於天子曰『述職』，『述職』者，述所職也。」即此旨也。

天子五年一巡狩。

按，巡狩之禮何自起？起於草昧之世，田獵以爲食之俗而已。春秋傳曰：「春蒐、夏苗、秋獮、冬狩。」「狩」者即獵制之一也。當草昧之時，各蠻族自據一方以爲田獵之所。既而禽獸之肉食盡，乃不得不求於境外，於是乎争端起。争之不已，必有大力者勝焉，於是「群后」、「元后」之名出，而貢獻之事行焉。然而爲元后者，仍恐群后之欺已也〔二〕，乃以不時巡狩以遂其所欲。其起原實在於此，至孔子欲改舊制而行新義，乃本其所

〔一〕「晉文時所制也」今禮記正義本作「晉文霸時所制也」。
〔二〕「欺已」當作「欺己」。

習慣者用之，若曰「巡狩固不可少也，而當用之以察諸侯，不當用之以爲田獵」。且定爲五年以示有常，孟子曰：「巡狩者，巡所守也。」即此旨也。

歲二月，東巡狩，至於岱宗，柴而望祀山川，覲諸侯，問百年者就見之。

按，巡狩之禮始於岱宗者，易「萬物出乎『震』」。「震」，東方也。萬物始於東方，故萬事亦始於東方。而春、夏、秋、冬四時之序亦自東而起。且孔子宗廟之制、朝廷之制皆南向，而禮行尚左。（舊説皆尚右，今泰西諸國亦多尚右，尚左者孔制也。）左亦東方也，巡狩之禮自岱宗起，亦原於此。「柴」者，燔柴以祭天也。今日祭用香，爲佛制，非古制矣。「覲諸侯」者，將以觀其所職守也。「問百年而就見」者，孔子以孝治天下，故有養老之意，亦有敬老之意焉。

命大師陳詩，以觀民風。命市納賈，以觀民之所好恶，志淫好辟。

按，民風者，國之存亡强弱所繫也。民之好恶，則民風之見端也。其微焉者，則形之於詩歌，次則現之於器物，故王者於此皆兢兢焉，此非徒騖爲博覽也。齊俗之誇詐，唐、魏之勤儉，鄭、衛之荒淫，陳、曹之奢靡，其起原也有因，其影響也有同異，故其所以按病而施治者，皆各有其宜而不能相同。在詩歌者如此，在器物亦如此。近日泰西政治一切風俗、人口、製造、貨物皆有調查，皆有統計，亦王制之意爾。

命典禮考時、月，定日、同、律、禮、樂、制度、衣服，正之。

按，此春秋一統之義也。春秋之義，王者必改正朔、易服色、異器械、殊徽號，令天下一切制度皆歸於一。王制之意亦如此而已，蓋孔子以前，天子諸侯之相交，不過如小國之事大國，各有其疆土、各有其人民、各有其制度。孔子欲改削諸侯之權而尊天子，以布一統之制，故立是命焉爾。

山川神祇有不舉者爲不敬，不敬者君削以地。

按，山者土所積也，川者水所成也，神祇亦幽邈難稽之物，今何以責諸侯之不舉者爲不敬？此古者以天治人，以神道設教之意。蓋古者民智未開，於禍福倚伏之機（道家言）、因果不爽之理（佛家言）猝未易明，而又不能任其率性而動，乃托之天地鬼神以恐怖之。諸侯者，據有土地人民者也。使其無恐怖，恶尤不可勝言，此山川神祇之所以重也。

宗廟有不順者爲不孝，不孝者君黜以爵。

按，宗廟之制所以重宗法也。凡人群進化之序，其始由野蠻之世變爲宗法之世，由宗法之世變爲軍國之世。而孔子之道，則欲以宗法而立軍國之基者也。故不順宗廟者則無宗法，無宗法則無國家（國家即軍國），黜爵之制乃不能不行矣。

變禮易樂者爲不從，不從者君流。革制度衣服者爲畔，畔者君討。有功德於民者，加地進律。

按，此亦春秋一統之義也。中庸曰：「非天子不議禮、不制度、不考文。」又曰：「今天下車同軌、書同文、行同倫。」論語則稱：「天下有道，禮樂征伐自天子出。」皆本春秋一統之義。而王制爲春秋而作者也，故亦不許諸侯變易禮樂、革制度衣服，以求風俗政治之統一。然此所以爲民，非所以爲天子也。（孟子曰：「得乎邱民爲天子。」）爲諸侯之害民，故以天子治諸侯，非徒尊天子以薄人民也。則諸侯之有功德於民者，固宜加地進律矣。

五月，南巡狩，至於南嶽，如東巡狩之禮。八月，西巡狩，至於西嶽，如南巡狩之禮。十有一月，北巡狩，至於北嶽，如西巡狩之禮。歸，格於祖禰，用特。（鄭注：「特，特牛也。」禰，父廟也。）

天子將出，類乎上帝、宜乎社、造乎禰。諸侯將出，宜乎社、造乎禰。天子無事與諸侯相見，曰「朝」。考禮、正刑、一德，以尊於天子。

按，「社」之義見郊特牲。天子諸侯將出，必告於天地鬼神，春秋「以元正天，以天正王，以王正君」之義。

右敘朝聘巡狩

天子賜諸侯樂，則以柷將之。賜伯、子、男樂，則以鼗將之。

按，此見樂之自天子出矣。柷，狀如漆筩，中有椎。鼗，如小鼓，長柄，旁有耳。摇之使自擊，柷與鼗皆所以節樂也。柷之節樂，節一曲之始，故用以將諸侯之命。鼗所以節一唱之終，故用以將伯、子、男之命。

諸侯賜弓矢，然後征。賜鈇鉞，然後伐〔二〕。

按，此見征伐之自天子出矣。「征」者，上伐下也。「伐」則同等之國然後用之，名異而實同也。弓矢、鈇鉞皆賜於天子，則諸侯不得私藏可知矣。蓋孔子疾時世之不仁，故立爲此制以節天下之兵氣，而致天下於和平爾。

〔二〕「然後伐」今禮記本作「然後殺」。

賜圭瓚，然後爲鬯。未賜圭瓚，則資鬯於天子。

按，此見禮之自天子出矣。圭瓚，鬯爵也。鬯，秬酒也

天子命之教，然後爲學。小學在公宮南之左，大學在郊。天子曰辟雍，諸侯曰頖宮。

按，此以一國教育之權操於天子也。學術關乎政治，最爲重要。而用之不得其宜則敗，故必統一於天子，所以防不適時之學説蠱惑天下。且道以分裂而隘，理以詭辯而歧。往往一聖人、一大師之所創，大小精粗無一不在，而一經後學之傳授，莫不各執其一察焉以自好，或以春而非夏，或以秋而罵冬，而不見天地之全、萬物之美。孟子所以深距楊、墨，荀子所以痛非十子也。故命之教然後爲學，非欲道之專一而小，誠恐以分裂而亡也。

右叙賜予教學

天子、諸侯無事，則歲三田。一爲乾豆，二爲賓客，三爲充君之庖。無事而不田曰不

敬，田不以禮曰暴天物。天子不合圍，諸侯不掩群。

按，此孔子欲變田獵之俗而爲耕稼也。古者茹毛飲血，其人民皆畋獵爲生，亦越春秋農事漸興而舊俗尚多未改，孔子欲盡革之，而恐其太驟也，乃僅爲之限制。有事則終歲不田，無事則歲三田，且爲之究其用，爲乾豆、爲賓客、爲充君之庖，不在此三者之列則不妄殄天物。人人皆可漸轉於農，而殘殺亦可潛弭矣。「合圍」者，聚藪澤而焚之。「掩群」者，襲群獸而掩之。所以盡物也，故王制不許。

獺祭魚，然後漁人入澤梁。豺祭獸，然後田獵。鳩化爲鷹，然後投罻羅〔一〕。草木零落，然後入山林。昆蟲未蟄，不以火田。不麛、不卵、不殺胎、不妖夭〔二〕、不覆巢。

按，此與「不合圍」、「不掩群」同爲愛物之意。佛之言衆生平等，而儒者亦言「親親而仁民，仁民而愛物」，易則言「天地之大德曰生」。故殺牲食肉者，皆非至仁之世所有也。但孔子之法皆以漸進（「漸」爲易經

〔一〕「投罻羅」今禮記本作「設罻羅」。
〔二〕「妖夭」今禮記本作「殀夭」。

大義，春秋「三世」之旨皆原於此），故入澤梁、投罻羅、入山林者皆爲之定其時，以防太過而已。麛、卵、胎、夭未成物，故傷之者有禁焉。

右叙田獵

天子七日而殯，七月而葬。諸侯五日而殯，五月而葬。大夫士庶人三日而殯，三月而葬。三年之喪自天子達。

按，殯與葬之禮，自天子以至庶人異。三年之喪，自天子達。蓋殯與葬，死者之事也。春秋時天子七月而葬，同軌畢至。諸侯五月而葬，同盟至。大夫三月而葬，同位至。士踰月，外姻至。其所至者有遠近不同，不得不異其時日也至。三年之喪，則生者之事。孔子以孝爲仁道之本，自天子以至庶人皆有父母，不能有所差等，故自天子達焉。

庶人縣封，葬不爲雨止。不封不樹，喪不貳事。

按，鄭注「縣封，當爲『縣窆』」，疏「窆謂下棺，縣繩下棺故云『縣窆』」。「不封」者，不積土爲封也。「不樹」者，不標墓以樹也。孔子重宗廟而輕墳墓，故檀弓曰「古不墓祭」。王制「不封不樹」亦同此旨。然惟庶人爲然者，當時墓祭之重，愈尊貴者愈甚，勢積重而難驟去，故先於庶人行之，亦猶世及之制先去世卿也。

自天子達於庶人，葬從死者，祭從生者。支子不祭。喪三年不祭，唯天地社稷，爲越紼而行事[一]。

按，葬者葬死者於土中，其衣服器物皆死者受之，故從死者。祭則致生者之誠於死者，其禮器必因乎生者之力所能爲、分所能用，否則無節，故從生者。中庸曰：「父爲大夫，子爲士，葬以大夫，祭以士。父爲士，子爲大夫，葬以士，祭以大夫。」即此旨也。「支子不祭」者，所以重宗法也。喪，凶禮也；祭，吉禮也。二者不能並舉，故三年不祭。天地社稷，祭之大者，故喪中亦祭。「紼」所以引棺，「越紼而行事」，既祭之後當速返於棺前，故不嫌越紼而至也。

[一] 今禮記「喪三年不祭，唯祭天地社稷，爲越紼而行事」在「祭用數之仂」句下，與「支子不祭」本不連屬。

右叙喪祭

天子祭天地，諸侯祭社稷，大夫祭五祀。天子祭天下名山大川，五嶽視三公，四瀆視諸侯。諸侯祭名山大川之在其地者。天子、諸侯祭因國之在其地而無主後者。

按，此定天下之祀，所以杀淫祀也。凡古代草昧，風俗無不有淫祀。自天地日月、星雲風雨、山川河海、門户井竈莫不以爲有神，乃至一土一木、一石一瓦、一動物一植物莫不有神。凡神權盛則民必愚，孔子欲掃除而净盡之，而恐其不能，故立爲定制，而不得越分而祭，而神權乃以漸殺矣。論語言：「非其鬼而祭之，諂也。」又曰：「未能事人，焉能事鬼。」又曰：「務民之義，敬鬼神而遠之。」孔子之恶言鬼神可以想見，特去之當有其漸耳。名山大澤所以令天子諸侯祭之者，山川爲國家重要之物，愛其山川則必愛其國家。而天子諸侯則一國之公傭，故因其迷信鬼神之念以維繫其愛國之心，所謂修其教不易其俗，即在於是矣。（神權亦不可廢，吾著此書時方發奮讀西人格致書，故言如此，自今思之不盡然也。）

天子七廟，三昭三穆，與太祖之廟而七。諸侯五廟，二昭二穆，與太祖之廟而五。大夫三廟，一昭一穆，與太祖之廟而三。士一廟。庶人祭於寢。

按，此定廟制之等級也。葬制以二而降，故廟制亦以二而降。蓋孔子以宗法爲立國之本，而當封建諸侯之世，自天子以至諸侯、卿、大夫、士，爵既有差，則廟制亦宜有差也。但「天子七廟、諸侯五廟」之説自古有王、鄭之争，爲禮學家一大案也，今日新學方興，似當束之高閣而不論。然欲講政治學須明社會學，中國社會則依然宗法社會也。而宗法之興有其先後之序，欲研究之，則王、鄭之説終不可不審矣。

鄭之説曰，天子七廟爲周制，殷則六廟，夏則五廟。王之説曰，凡七廟者，皆不稱周室。鄭之説蓋本於禮緯稽命征：「唐虞五廟，親廟四，始祖廟一。夏廟四[一]，至子孫五。殷五廟，至子孫六。」鄭據此爲説，故謂七廟爲周制。王則據禮器、荀卿、穀梁諸家之言以難鄭，禮器曰：「有以多爲貴者，天子七廟。」荀子曰：「有天下者事七世」，「自上以下，降殺以兩」。穀梁傳曰：「天子七廟，諸侯五。」而未嘗以七爲周制。之二説者，一則以天子與諸侯無分（鄭言周七廟因五廟而加。以文世室、武世室故並而爲七，若親廟則仍然爲四耳。是天子與諸侯同），一則以天子與諸侯有別。近儒則多從王説。以予論之，鄭則歷史上之實際也，王之言則孔子改定之制而托之三代者也。何則？凡社會，蠻夷之世變爲有宗法之世。而宗法之興也，必由疏而密、由簡而

[一]「夏廟四」今禮記正義本作「夏四廟」。

繁，故由夏之五廟變爲殷之六廟，由殷之六廟變爲周之七廟，是由簡而繁也。古者天子曰「元后」，諸侯曰「群后」，名分相去不遠，故廟制亦無差別。至周，則以天子而封建諸侯，尊卑之序漸嚴，故有七與五與三之制，是由疏而密也，此歷史上之實際也。若夫窮纂述之要旨，闡改制之微言，則當舍鄭而從王。鄭之説，孔子以前之舊俗也。王之説，則孔子所以變舊俗而爲新制也，故其條理之詳、等威之辨，鄭不及王（以「天子七月而葬，諸侯五月而葬，大夫三月而葬」之文考之，則王説較有條理）。但孔子此旨托於三代，而王肅未之知耳。

天子諸侯宗廟之祭，春曰礿，夏曰禘，秋曰嘗，冬曰烝。天子犆礿，祫禘，祫嘗，祫烝。

按，此論四時之祭也。「礿」，薄也。春物未成，其祭品鮮薄也。「禘」者，次第也。夏時物雖未成，宜依次第而祭之。「嘗」者，新穀熟而嘗之。「烝」者，衆也。冬之時物成者衆，又「蒸」，進也，進，品也。（本孔氏正義）祫者，合也。孔子祭禮有時祭、有大嘗、有大禘，於祭時皆有合食之義。故謂之「祫」。時祭合食未毀廟之主於太廟，故曰「祫禘」「祫嘗」「祫烝」。春則「犆礿」者，以物未成，故未合食也。「大嘗」「大禘」即中庸所言「禘嘗」。詩言「秋而載嘗」，論語所言「禘之説」是也。時祭每年得舉，此外有三年一大祭，謂之嘗。嘗即祫也，合食於群毀廟，行於秋，與時祭之秋嘗並舉，故詩有「秋而載嘗」之文。又五年而一大祭，謂之禘。亦即祫也，合食於群毀廟、未毀廟，並祭始祖所自出及功臣皆得與祭，與時祭之禘並舉行於夏，故大祭。禘、嘗可並稱禘，祫不可並稱，因祫之名時祭大祭皆用之也。今爲圖以明之：

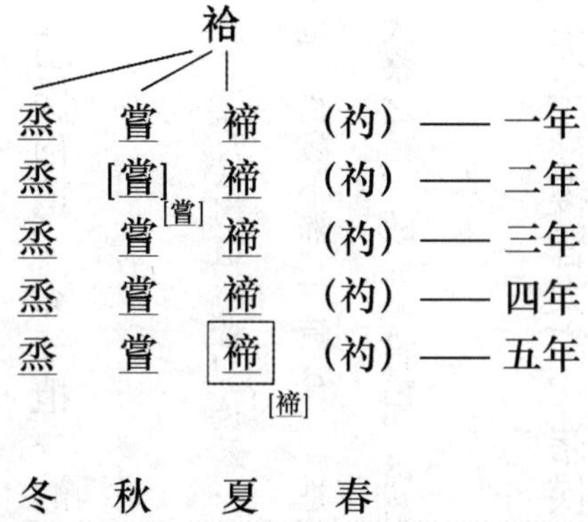

凡圖中從（）者爲特祭，不合食。從＿者合食未毀廟之主。從[ ]者合食未毀廟、群毀廟之主。從□者合食未毀廟、群毀廟並始祖所自出。

諸侯礿則不禘，禘則不嘗，嘗則不烝，烝則不礿。

按，鄭注：「虞夏之制，諸侯歲朝，廢一時祭。」案，此説非也。蓋諸侯地小，又南北殊方，氣候多異，祭物未必四時皆備，或盛於春而缺於夏，或豐於秋而嗇於冬。故隨四時之祭擇廢其一，並以別於天子云爾。

諸侯礿犆，禘一犆一祫，嘗祫，烝祫。

按，「諸侯礿犆」者，疏云：「諸侯降於天子，故『礿』在『犆』上也。」「禘一犆一祫」者，鄭注：「下天子也。祫歲不禘。」疏云：「是諸侯當祫之歲，法不重禘〔一〕。」「嘗祫，烝祫」者，謂諸侯先作時祭烝嘗，然後爲大祭之祫，故云「嘗祫，烝祫」。

天子社稷皆大牢，諸侯社稷皆少牢。大夫士宗廟之祭，有田則祭，無田則薦。

〔一〕「法不重禘」今禮記正義本作「法不作禘」。

按，牛羊豕三牲具爲大牢，羊豕爲少牢。「有田則祭，無田則薦」者，注云：「祭以首時，薦以仲月。士薦牲用特豚，大夫以上用羔，所謂『羔豚而祭，百官皆足』。詩曰：『四之日其早，獻羔祭韭。』」

庶人春薦韭，夏薦麥，秋薦黍，冬薦稻。韭以卵，麥以魚，黍以豚，稻以雁。

按，鄭注：「庶人無常牲，取與新物相宜而已。」

祭天地之牛角繭栗，宗廟之牛角握，賓客之牛角尺。

按，「繭」者形似，「栗」者色肖，「握」者，鄭注：「謂長不出膚。」（膚，扶也，四指曰扶。見投壺禮注。）

諸侯無故不殺牛，大夫無故不殺羊，士無故不殺犬豕，庶人無故不食珍。

按，鄭注：「故，謂祭饗。」按，不殺者亦寓不暴天物意。

庶羞不踰牲，燕衣不踰祭服，寢不踰廟。

按，鄭注：「祭以羊，則不以牛肉爲牲羞。」

大夫祭器不假。祭器未成，不造燕器。

按，曲禮：「問大夫之富。曰，有宰食力，祭器、衣服不假。」又云：「凡家造，祭器爲先，犧賦爲次，養器爲後。」與此節義同。

右叙祭祀

卷二終

弟子鄔慶時校刊

王制義按卷三

司空執度度地，居民山川沮澤，時四時，量地遠近，興事任力。

按，鄭氏曰：「司空，冬官卿，掌邦事者。（冬官之名出於周禮，周禮與王制相反，不必從。因王制無天、地、春、夏、秋、冬六官之名也。）度，丈尺也。」「山川沮澤，時四時」，「觀寒、暖、燥、濕也。沮，謂萊沛」。「量地」謂「制井邑之處」。「興事」謂「築邑、廬、宿、市也」。

凡使民，任老者之事，食壯者之食。

按，老者之事輕，壯者之食重。王者寬民之力，故任老者之事；厚民之食，故食壯者之食。所以重其民也。蓋其時去遊牧之世未遠，君之使其民如族長之使其子弟，如家主之役其奴僕，有義務而無權利。孔子欲變而更之，以去其太甚，故有是義焉。

古者，公田籍而不税。

按，所謂公田者，即井田中之公田也。籍，借也。孔子立義，自天子以至於庶人皆當自食其力，皆當有事於田畝。惟有官者與民治事，不能力田，故借民之力以治其田。亦庶人禄以代耕之義也。若夫税則非有而取之，故王制不與焉。

市廛而不税，關譏而不征，林麓川澤以時入而不禁，夫圭田無征。

按，「廛」者，税其舍而不税其物。「譏」者，譏察異言異服。「征」，亦税也。孔子理財之道在於井田，其所以治事及所以制禄皆取具於是，故關市無税。蓋孔子知周末大勢趨於一統，無敵國外患，惟省刑薄賦可以靖民氣而獲治安。若夫今日列强競立，需財孔亟。國民有當兵納税之義務，而不能援古者一統垂裳之制以爲例矣。「林麓川澤以時入」者，王者以土地公於民也，亦以既有井田以制禄，則此區區者不必與民争也。「圭田」，卿以下所有之田。「不征」者，所以厚賢也。孔子治法首廢世卿，任賢能以治國事，而無特别之隆養，則民德民智不能競進，故有圭田無征之義焉。

用民之力，歲不過三日。田里不粥，墓地不請。

按，鄭氏曰「用民之力」謂：「治城郭、宮室、道渠[一]。」田里皆受於公，民不得私也。「粥」，賣也。「請」，求也。孔氏曰：「田地里邑，既受之公，民不得粥賣。冢墓之地，公家所給，族葬有常，不得輒請求餘處也。」

凡居民材，必因天地寒、煖、燥、濕。廣谷大川異制，民生其間者異俗，柔剛[二]、輕重、遲速異齊，五味異和，器械異制，衣服異宜。修其教，不易其俗。齊其政，不易其宜。

[一]「治城郭、宮室、道渠」今禮記正義本作「治宮室、城郭、道渠」。
[二]「煖」今禮記正義本作「暖」。「柔剛」今禮記正義本作「剛柔」。

按，長樂陳氏曰：「民之材，猶木之材也。木材之於地有宜有不宜，民材之於居有安有不安。善植木者順其所宜而不强其所不宜，善居者順其所安而不强其所不安。此所以凡居民材，必因天之寒煖、地之燥濕也。」

中國戎夷五方之民皆有性也，不可推移。東方曰夷，被髮文身，有不火食者矣。南方曰蠻，雕題交趾，有不火食者矣。西方曰戎，被髮衣皮，有不粒食者矣。北方曰狄，衣羽毛穴居，有不粒食者矣。中國、夷、蠻、戎、狄，皆有安居、和味、宜服、利用、備器。五方之民言語不通，嗜好不同，達其志、通其欲，東方曰寄，南方曰象，西方曰狄鞮，北方曰譯。

按，長樂陳氏曰：「夷言其易，蠻言其慢，戎則好兵，狄則善守。東南之地卑而蛟龍鍾焉，故俗之所尚者，文身雕題。西北之地高而鳥獸群焉，故俗之所尚者，衣皮毛羽。凡此不特其所尚而已，亦寒煖之勢異也。寄言其寓於此，象言其象於彼，鞮言其履，譯言其語。」

右叙司空職守

司徒修六禮以節民性，明七教以興民德，齊八政以防淫，一道德以同俗，養耆老以致孝，恤孤獨以逮不足，上賢以崇德，簡不肖以絀恶。

按，孔氏曰：「六禮，謂冠一、昏二、喪三、祭四、鄉五、相見六。」所稟之性有剛柔、輕重、遲速。「恐失其中，故六禮節之。」七教謂「父子一、兄弟二、夫婦三、君臣四、長幼五、朋友六、賓主七」。「恐人不得其所，故以七教興舉其民。」「八政，一曰飲食、二曰衣服、三曰事爲、四曰異别、五曰度、六曰量、七曰數、八曰制。」

道路，男子由右，婦人由左，車從中央。父之齒隨行，兄之齒雁行，朋友不相踰。輕任並，重任分，斑白者不提挈。君子耆老不徒行，徒食庶人耆老不〔二〕。

按，此王者治道路之政，所以一道德也。不嚴於家而嚴於道路者，道德之興衰不必覩於家而見也，即道路

〔二〕「徒食庶人耆老不」今禮記本作「庶人耆老不徒食」。

可知之矣。

凡養老，有虞氏以燕禮，夏后氏以饗禮，殷人以食禮，周人修而兼用之。

按，「養老」者即孟子推恩之義。蓋弟爲仁之本，而推孝弟之心以爲仁於天下，則當自老者始。故孔子云：「老者安之」，孟子云：「老吾老以及人之老」，此王制養老之禮所由立也。疏云：「燕禮」者，「脱屨升堂」。（引盧氏説）又云：「殽烝於俎，行一獻之禮，坐而飲酒，以至於醉。」（引崔氏説）「饗禮」者，「體薦而不食，爵盈而不飲，依尊卑而爲獻，取數畢而已」。「食禮」者，「不飲酒，饗大牢，以禮食之」。「周人兼而用之」者，春夏用虞夏法，秋冬用殷法，論語「周監於二代，郁郁乎文哉」，此之謂也。

五十養於鄉，六十養於國，七十養於學，達於諸侯。

按鄭注：「天子、諸侯養老同也。國，國中小學在王宫之左。學，大學也，在郊。」「達於諸侯」者，疏：「言此養老之事，非惟天子之法，乃通達於諸侯。」

又按，養老之法通於諸侯者，老老之義，所以推恩不可限於天子邦畿一隅也。

八十拜君命，一坐再至，瞽亦如之。九十使人受。

按，七十養於大學，八十年漸衰，不堪來學受養。君以饗食之禮使人就家致之。其受命時，理須再拜，而不堪爲勞，一坐於地，而首再拜於地。瞽人無目，恐其傾倒，拜君之命，亦當如此。（疏）

五十異粻，六十宿肉，七十貳膳，八十常珍，九十飲食不離寢，膳飲從於遊可也。

按，粻，糧也。（注）五十糧宜自異，不可與少者同也。（疏）「宿肉」者，恒宿肉帳下，不使求而不得。（疏）貳，副也。（注）膳，善食也。善食有儲副，不使闕。（疏）「常珍」謂常食珍奇。（疏）寢，寢室也。老人飲食無時，故不離寢。（疏）「遊」者，言膳飲從老人遊處。

六十歲制，七十時制，八十月制，九十日修。惟絞、紟、冒〔二〕，死而後制。

按，歲制，棺也。不易成，故歲制。時制，一時可辨，是衣物之難得者。日修者，棺衣皆畢，日日修理之。

（疏）「絞、紟、冒，死而後制」者，一日、二日而可爲也。

五十始衰，六十非肉不飽，七十非帛不煖，八十非人不煖，九十雖得人，不煖矣。

五十杖於家，六十杖於鄉，七十杖於國，八十杖於朝，九十者，天子欲有問焉，則就其室，以珍從。

按，注：「尊養之。」

〔二〕今禮記本作「絞、紟、衾、冒」，義按缺「衾」。

七十不俟朝，八十月告存，九十日有秩。

按，注：「不俟朝」者，「揖君則退」。「告存」者，「每月致膳」。「秩，常也。有常膳。」

五十不從力政，六十不與服戎，七十不與賓客之事，八十齋喪之事弗及也。

按，注：「力稍衰也。力政，城道之役也。與，及也。八十不齋，則不祭也。子代之祭，是謂宗子不孤。」

五十而爵，六十不親學，七十致政，惟衰麻爲喪。

按，注：「爵」者，「賢者命爲大夫」。「不親學」者，「不能備弟子禮」也。「致政，還君事。」

有虞氏養國老於上庠，養庶老於下庠。夏后氏養國老於東序，養庶老於西序。殷人養國老於右學，養庶老於左學。周人養國老於東膠，養庶老於虞庠。虞庠在國之西郊。

按，注：「皆學名也。異者，四代相變耳。」按，「西郊」當作「四郊」。疏：「養老必於學者，以學教孝悌之處。」

有虞氏皇而祭，深衣而養老。夏后氏收而祭，燕衣而養老。殷人冔而祭，縞衣而養老。周人冕而祭，玄衣而養老。

按，注：「皇，冕屬也，畫羽飾焉。凡冕屬，其服皆玄上纁下。有虞氏十二章，周九章，夏殷未聞。凡養老之服，皆其時與群臣燕之服。有虞氏質，深衣而已。夏尚黑，而黑衣裳。殷尚白，而縞衣裳。周則兼用之。玄衣素裳。其冠則牟追、章甫、委貌也。諸侯以天子之燕服爲朝服。燕禮曰：『燕，朝服。』服是服也。王者之後，亦以燕服爲之。」（「牟追」即「母追」。）

凡三王養老，皆引年。

按，注：「已而引户校年，當行復除也。老人衆多，非賢者不可皆養。」

八十者，一子不從政。九十者，其家不從政。廢疾非人不養者，一人不從政。

按，注：「廢，廢於人事。」

父母之喪，三年不從政。齊衰、大功之喪，三月不從政。將徙於諸侯，三月不從政。自諸侯來徙家，期不從政。

按，「徙」者，謂大夫采地之民徙於諸侯爲民，以其新徙，當須復除。但諸侯地寬役少，故惟三月不從政。「自諸侯來徙家」者，謂諸侯之民來徙於大夫之邑。大夫役多地狹，欲令人貪之，故期不從政。（疏）

少而無父者謂之孤，老而無子者謂之獨，老而無妻者謂之矜，老而無夫者謂之寡。此四者，天民之窮而無告者也，皆有常餼。瘖、聾、跛躃、斷者、侏儒，百工各以其器祭食之〔二〕。

按，此恤孤獨之政也。曰鰥寡孤獨必以老者少者爲界，而不及於壯者，防姑息也。跛躃，謂足不能行。斷者，爲支節解絶。侏儒，謂容貌短少。器，能也。

命鄉論秀士，升之司徒，曰選士。司徒論選士之秀者而升之學，曰俊士。之於〔三〕司徒者不征於鄉，升於學者不征於司徒，曰造士。

按，鄭氏曰：「秀士，鄉大夫所考有德行道藝者。」「升之司徒」，「移名於司徒也」。「升之學曰俊士」謂「可使習禮者。學，大學也」。「不征，不給其繇役。造，成也。能習禮則爲成士。」按，此節言上賢以崇德也。孔子治法首廢世卿，故重選舉，故重學校。中國自秦至今二千餘年，無泰西民族階級之制，雖貧賤之子而有公卿之望者，皆此之賜也。

〔二〕「百工各以其器祭食之」今禮記本作「百工各以其器食之」。

〔三〕「之於」今禮記本作「升於」。

命鄉簡不帥教者以告，耆老皆朝於庠。元日，習射上功，習鄉上齒。大司徒帥國之俊士與執事焉。不變，命國之右鄉簡不帥教者移之左，命國之左鄉簡不帥教者移之右，如初禮。不變，移之郊，如初禮。不變，移之遂，如初禮。不變，屏之遠方，終身不齒。

按，此絀惡之事也。春秋之義，人人有士君子行而後稱太平。然其行率由教化而來。故王制有司徒教民之職，而後有簡不帥教者朝庠移鄉、移郊、移遂之制。否則「屏之遠方，終身不齒」。蓋恐以其不善而害及群也。

右叙司徒職守

樂正崇四術，立四教，順先王詩、書、禮、樂以造士。春秋教以禮、樂，冬夏教以詩、書。王太子、王子，群后之太子，卿、大夫、元士之適子，國之俊選，皆入焉[一]。凡入學以齒。

[一]「皆入焉」今禮記本作「皆造焉」。

按，此即今之國學也。今之國學，其初亦爲王公大臣之子弟而設，生員、舉人皆得入學，義皆本此。有詩、書、禮、樂而無易、春秋者，二經爲孔子晚年之作，當作王制時，只有詩、書、禮、樂四經而已。

將出學，小胥、大胥、小樂正簡不帥教者以告於大樂正，大樂正以告於王，王命三公、九卿、大夫、元士皆入學。不變，王親視學。不變，王三日不舉，屏之遠方，西方曰棘，東方曰寄，終身不齒。

按，此與司徒簡不帥教者移鄉、移郊、移遂之意同。特彼爲平民，此爲貴族而已。然以王太子、王子、群后太子、卿大夫適子之貴，而不帥教，則屏之遠方終身不齒，則與子之中固寓與賢之意矣。

大樂正論造士之秀者以告於王，而升諸司馬，曰進士。

按，此定國學出身之例也。王者之取士用人，合學校與選舉而一之。其以是教者即以是取，亦即以是用。

故教於司徒者與教於大樂正者，皆以其學成之年而定其升選之途。此法自漢以迄六朝皆行之，至唐世科舉與學校分而爲二，而用人之法壞矣。

右叙大樂正職守

司馬辨論官材，論進士之賢者以告於王，而定其論。論定然後官之，任官然後爵之，位定然後禄之。

按，此言用人之法也。進士即由樂正學成者，而各有所長，故論定而後官之。所謂以是教者以是取，即以是用也。任官者試以事也，位定者力能稱職也。蓋王者用人行政論材能而不論資格，責人以所長而不苦人以所短，故其法如此。

凡執技論力，適四方，蠃股肱，決射御。

按，此王制尚武之義也。「蠃股肱」，謂擐衣出其臂脛，使之射御也。然以適四方者，蓋國之勢雖至小不能以弱示於外也。

凡執技以事上者，祝、史、射、御、醫、卜及百工。

按，此王者之重技藝也。祝史皆事神之官，孔子時因舊俗尚鬼神而不能驟革，故存此二科。醫以治生，卜以斷事，百工以供日用之所需，故重焉。

凡執技以事上者，不貳事，不移官。

按，「不貳事」者，欲其專也。「不移官」者，以能任人，不以人所不能使人也。合此二義其益有數焉：各盡所長一也；專於其事則能勝任稱職二也；行之既熟，久則生巧，技藝即因此而進步三也。其理發於泰西近代計學大家，而孔子乃能見於二千年以前，誠哉其聖矣。

凡官民材，必先論之。論辨然後使之，任事然後爵之，位定然後祿之。

按，此與首節同義。特彼爲士言，此爲民言耳。

爵人於朝，與士共之。刑人於市，與衆棄之。

按，此王者公天下之義也。爵人於朝，爲民事而起也，故不敢自私，而僅與士共者，有政治之才而後能聞政也。刑人於市，爲衆人除害也。故與衆棄之。孟子曰：「國人皆曰可殺，然後殺之。」此其義也。

是故公家不畜刑人，大夫不養，士遇之塗，弗與言也。屏之遠方，唯其所之，不及以政。示弗故生也。

案，此知王者防弊之意深矣。自漢迄唐暨明之所以失其宗社者，皆畜刑人有以致之，即閹宦是也。周禮有閽人、寺人之職，其爲僞竄無疑也。（鄭注：「周則墨者使守門，劓者使守關，宫者使守内，髡者使守積。」其言與此相反，蓋舊俗也）

大夫廢其事，終身不仕，以士禮葬之。

按，嚴陵方氏曰：「廢其事謂居大夫之位而不與大夫之事也。終身不仕，則不特貶之於其始，而又貶之於其終也。死以士禮葬之，則不特貶之於其生，而又貶之於其死也。」案，所謂大夫者，皆由選舉而來。與春秋時魯三家、晋六卿等異。其旨在於治事，故其責之重如此。

有發，則命大司徒教士以車甲。

按，「有發」謂有軍旅以發士卒也。王者立法，文武混爲一途，故道德禮義之教司徒掌之，車甲之事亦司徒教之。蓋國非文不治，非武不安。而且人人有執干戈衛社稷之義，則武事斷不能與文學别而爲二也。

右叙司馬職守

司寇正刑明辟，以聽獄訟，必三刺。有旨無簡不聽。附從輕，赦從重。

按，鄭氏曰「三刺」，「以求民情，斷其獄訟之中。一曰訊群臣，二曰訊群吏，三曰訊萬民」。「簡，誠也。有其意，無其誠，不論以爲罪。」「附從輕」，「附，施刑也。求出之，使從輕」。「赦從重」，「雖是罪可重，猶赦之也」。案，「三刺」即孟子「左右諸大夫國人皆曰可殺，然後殺」之意。「附從輕」即書罪疑爲輕意。「赦從重」即書言眚災肆赦也。

凡制五刑，必即天論，郵罰麗於事。

按，鄭氏曰：「制，斷也。即，就也。必即天論，言與天意合。」「即，或爲『則』。論，或爲『倫』。」「郵，過也。麗，附也。過人、罰人，當各附於其事，不可假他以喜怒。」謹案，鄭氏説即天論有兩義，當以後義爲長。前義近於虚空，所謂天意者不可得而知，倫理則可以寔求也。過與罰皆附於其事，而不能假以喜怒，所以防執法者之自作威福焉。

凡聽五刑之訟，必原父子之親，立君臣之義以權之。意論輕重之序，慎測淺深之量以別之。悉其聰明，致其忠愛以盡之。疑獄，汜與衆共之，衆疑赦之。必察小大之比以成之。

按，鄭氏曰：「權，平也。」「意，思念也。淺深，謂俱有罪，本心有善惡也。」「盡之」，「盡其情」也。「小大，猶輕重。已行故事曰比。」

成獄辭，史以獄成告於正，正聽之。正以獄成告於大司寇，大司寇聽之棘木之下。大司寇以獄之成告於王，王命三公聽之。三公以獄之成告於王，王三又，然後制刑。

按，此王者慎獄之意。獄者，生民之命所繫。是非曲直一失其平，其冤抑在一人一家者猶小，其因是而貽怨謗、召災禍，害及全國者大矣。明世流寇之亂至覆宗社，推其禍本半由於刑獄失平。蓋明代刑罰之權操於廠衛（錦衣衛，東、西廠也），悉以閹宦主之，遂成一代之亂矣。王制治獄之法，史以告正，正以告於司寇，司寇以告於王。聽之以三公，重之以三又，所以如是者，誠不欲以刑罰之大視爲尋常也。

凡作刑罰，輕無赦。刑者，侀也。侀者，成也。一成而不變，故君子盡心焉。

按，近代言治者曰「立法嚴，行法寬」。此非王者公天下之言也。法者，所以保人民公同之安樂也。非爲天子一家而設也。故立法不可不寬，而行法斷不可不嚴。不嚴則人人輕易犯法，而人群失其安樂矣。王制刑罰輕無赦，即此旨也。若夫「立法嚴，行法寬」之説，則是以至不肖待天下人，民而即以法律爲市恩之具。此爲天子一家計則得矣，非所以語於治安之術也。

析言破律，亂名改作，執左道以亂政，殺。

按，鄭氏曰：「析言破律，巧賣法令者也。亂名改作，謂變易其官與物之名，更造法度也。左道，若巫蠱及俗禁。」按，王制之義有春秋一統之意。春秋王者巡狩必同律度量衡，以一道德而同風俗。析言破律、亂名改作，則王者一統之義不行。奸軌潛起，内亂即生矣。左道亂政，則人惑於鬼神災異，而不務民義，其罪亦維均焉。

作淫聲、異服、奇技、奇器以疑衆，殺。

按，鄭氏曰：「淫聲，鄭、衛之屬。異服，若聚鷸冠、瓊弁也。」

又按，王者受命必改正朔、易服色、異器械、殊徽號以一統於天下。（本春秋公羊何休注）孔子定樂必取韶舞，而淫聲異服奇技奇器皆與王政相反，故誅之。

行僞而堅，言僞而辯，學非而博，順非而澤，以疑衆，殺。

按，「行僞而堅」，若仲子之廉是也。「言僞而辯」，若公孫龍、鄧析子之徒是也。「學非而博」「順非而澤」，若楊、墨之徒多類於此。王者之制，天子命之教然後學，其所以防者亦在此。

假於鬼神、時日、卜筮以疑衆，殺。

按，此王者廢神權以明人道也。草昧之世悉惑於鬼神，以爲一切事物皆有鬼神以主之。故時日、卜筮之術從之而起。「時日」者，即史記之「日者」也。「卜筮」者，即史記之言「龜筴」也。數者皆非文明之民所有，且奸黠之徒多藉此擾亂治安。秦之勝、廣，漢之張角，近世之川、楚教匪，皆其類也。王者立爲厲禁，所以保一國之安寧，非必以天下自私，恐衆人之起而與之争也。蓋一統之世，患在内亂，故其法如此。

右叙司寇職守

凡執禁以齊衆，不赦過。

按，此即刑罰雖輕毋赦之意。特彼掌於司寇爲國内普通言之，此則掌於市居專爲市中言之。過者無心之失而法不赦者，市居之地人所萃聚，有失雖小而關係甚大者。故不能稍寛也。且文明之國民患不在大恶而在小失，故律必嚴於細微之處，所以人人有士君子之行，則於刑律之中固寓有道德之意矣。

有圭璧、金璋不粥於市，命服、命車不粥於市，宗廟之器不粥於市，犧牲不粥於市，戎器不粥於市，用器不中度不粥於市，兵車不中度不粥於市，布帛精粗不中數、幅廣狹不中量不粥於市，奸色亂正色不粥於市，錦文珠玉成器不粥於市，衣服飲食不粥於市，五穀不時、果實未熟不粥於市，木不中伐不粥於市，禽獸魚鱉不中殺不粥於市。

按，此王者之商法也。泰西法律有公法、有私法，私法有民法、商法。商法之實不一，而有害於一國之政治、社會、教化、生業、物産者皆有禁，王制之旨亦如是而已。

關執禁以譏，禁異服，識異言。

按，「禁」者，禁戒之書也。司關之官執此禁戒之書，以譏察出入之人。禁身著異服者，又識口爲異言之人，防姦僞、察非違也。（鄭注）按王者治國，必申劃郊圻、慎固封守，以安内而備外，異言異服不禁，則人心必萌異念，而敵國得乘機而内侵。其端皆在於隐微，是以王者防之。

右叙市居職守

太史典禮，執簡記，奉諱惡。天子齋戒受諫。

按，鄭氏曰：「簡記，策書也。」盧陵胡氏曰：「諱惡，人主所諱言而惡聞者。」賈山云：「人主惡聞其過是也，故下云受諫。」案，此知史之所繫者重矣。史者所以紀人類變遷之跡也，而王制所言史職則祇以記一人之諱惡者，蓋人類之變遷由蠻夷而入於家族，由家族而趨於郡國。當家族時代則臣民如子弟，君主如家長。以賢教不肖，以才治不才。故君主一人之善惡實一國之善惡繫之，所以不能不記，記矣不能不諫，既諫矣則天子不能不受。此家族時代之史職則然也。孔子時固猶是家族時代也，故太史之所掌亦祇如是，然較之後世專以頌揚君父爲得體則大遠矣。

右叙太史職守

司會以歲之成質於天子。冢宰齋戒受質。

按，鄭氏曰：「成，計要也。質，猶平也。平其計要。」按，此爲近世考成之制所本。尚書「三歲考績」與此制表裏也。蓋三歲之績基於每歲之成，其質於天子，必使冢宰齋戒受質，所以示無私。此義不行於是，黜陟不足以資勸戒，而吏治窳矣。聖人制作於千古利弊固若燭照數計也。

大樂正、大司寇、市三官，以其成從質於天子，大司徒、大司馬、大司空齋戒受質。

（三官之次，以大司徒爲先，大司空爲末。書傳、白虎通又殊，本欲更正，以堯典考之，禹作司空、棄作后稷，先於契作司徒。蓋先王以養民爲主，當先養而後教也。今用舊次不改。）百官各以其成質於三官，大司徒、大司馬、大司空以百官之成質於天子。百官齋戒受質。然後休老勞農，成歲事，制國用。

按，受質必先齋戒者，所以謹慎其事也。古者宗廟之禮最重，無事不起於宗廟，故祭祀有齋戒，而治事亦有齋戒焉。「休老勞農」所以養老而用壯也。「成歲事，制國用」者，蓋量入以爲出，不敢妄用民財，以至困窮也。雖然，此治一統垂裳之制則然矣，若今日列强競争，百廢當興，則當量出以爲入，不能泥古以誤國也。

右敘九官

冢宰制國用，必於歲之杪。五穀皆入，然後制國用。用地大小視年之豐耗，以三十年之通制國用，量入以爲出。（冢宰本在前，然制國用既於歲杪，百官齋戒受質，然後休老勞農，成歲事，制國用。以月令考之亦同，則制國用之事宜在其末。且孔子深慮國家之弊不能藏富於民，於是履畝、丘甲、加賦、重征、頭會、箕斂、月椿紛紛而作，故務取民之無菜色而後日食以樂，謂先天下而憂，後天下而樂。務憂民而無自逸，義至深遠，故以之終篇。）

按，國家財用之操於冢宰，此中央集權之政所最要者也。必於歲終，必五穀皆入然後制國用，所以爲量入爲出之地也。必以三十年之通制國用者，天地之變遷、物力之盈虛所在多有，故理財者不能不深思遠慮以妨其不足也。量入爲出不特朝廷之用財當然，即民間之冠、昏、喪、祭，飲食、衣服皆以歲終而預定來年之用焉。此王制理財法之最善者，而後世未能行之，其故由於君主英武者少，而學士大夫又以理財之事近於功利而不知考求。且民權未立，民智未開，君不能盡義於民，民亦惟自生自養，奢儉一如己所欲。此風俗之所以不齊，而財用所以日耗矣。

祭用數之仂。喪用三年之仂。[一]

按，「仂」者，十之一也。「祭用數之仂」者，謂經年之内用其什一，三年之仂者用三歲所入之什一也。

〔一〕今禮記本「祭用數之仂」「喪用三年之仂」兩句間夾有「喪三年不祭，唯祭天地社稷，爲越紼而行事」，義按將「喪三年」句析出移至他處。

按，古者政治本於宗法，故祭禮重焉。宗法莫重於世及之禮，故父子之親重，而喪禮亦重焉。故財用之數如此，若行墨子之教，短喪、薄葬、兼愛無等，則不需乎此制矣。

喪祭，用不足曰暴，有餘曰浩。祭，豐年不奢，凶年不儉。

按，鄭氏曰：「暴，猶耗也。浩，猶饒也。」不奢不儉，「常用數之仂也」。又按，人之用財，皆視年之豐耗，而喪祭則不然者，送死事先之禮固當有常而不改也。豐年不奢，則能留有餘以爲凶年之地，其道固持平而不患其不足矣。鄭氏之言未允。

國無九年之蓄曰不足，無六年之蓄曰急，無三年之蓄曰國非其國也。三年耕，必有一年之食。九年耕，必有三年之食。以三十年之通，雖有凶旱水溢，民無菜色，然後天子食，日舉以樂。

按，易曰：「天地之大德曰生，聖人之大寶曰位，何以守位曰仁，何曰聚人曰財〔一〕。」財者，國之命也。聖人爲一人計，則曰天子不言有無，諸侯不言多寡。爲國民計，則理財必不可以已。王制國用之權操於冢宰，而必因年之豐耗以爲用則之大小，皆所以爲積蓄之地也。蓄積之數以三分之一計，必至民無菜色而後已。知王者所以經理天下者至矣。

右叙國用

卷三終

弟子鄔慶時校刊

查王制原文，尚有六條。其一云：「天子將出征，類乎上帝，宜乎社，造乎禰，祃於所征之地，受命於祖，受成於學。出征執有罪，反釋奠於學，以訊馘告。」其二云：「天子殺則下大綏，諸侯殺則下小綏，大夫殺則止佐車，佐車止則百姓田獵。」其三云：「凡居民，量地以制邑，度地以居民。地邑民居，必參相得也。無曠土，無遊民，食節事時，民咸安其居，樂事勸功，尊君親上，然後興學。」其四云：「出鄉不與士齒。仕於家

〔一〕「何曰聚人曰財」當作「何以聚人曰財」。

者，出鄉不與士齒。」其五云：「此四誅者，不以聽。」其六云：「六禮，冠、昏、喪、祭、鄉、相見。七教，父子、兄弟、夫婦、君臣、長幼、朋友、賓客。八政，飲食、衣服、事爲、異別、度、量、數、制。」此書均未列入，刊成覆校，始乃覺之。復查鈔本，亦無其文。當係傳鈔時遺漏，而原本已不可得見，無從校勘。附識於此，以志吾過。十九年夏，弟子鄔慶時校竟記。

中外哲學典籍大全·中國哲學典籍卷

已出版書目

《讀禮疑圖》，〔明〕季本著，胡雨章點校。

《王制通論》《王制義按》，程大璋著，吕明烜點校。

《關氏易傳》《易數鈎隱圖》《删定易圖》，劉严點校。

《易説》，〔清〕惠士奇著，陳峴點校。

《易漢學新校注（附易例）》，〔清〕惠棟著，谷繼明校注。

《春秋尊王發微》，〔宋〕孫復著，趙金剛整理。

《春秋師説》，〔元〕黄澤著，〔元〕趙汸編，張立恩點校。

《宋元孝經學五種》，曾海軍點校。

《孝經集傳》，〔明〕黄道周撰，許卉、蔡傑、翟奎鳳點校。

《孝經鄭注疏》《孝經講義》，常達點校。

《孝經鄭氏注箋釋》，曹元弼著，宫志翀點校。

《孝經學》，曹元弼著，宫志翀點校。

《四書辨疑》，〔元〕陳天祥著，光潔點校。

《小心齋劄記》，〔明〕顧憲成著，李可心點校。

《太史公書義法》，孫德謙著，吴天宇點校。

《肇論新疏》，〔元〕文才著，夏德美點校。

《張九成集》，〔宋〕張九成著，李春穎點校。

《周易口義》，〔宋〕胡瑗著，白輝洪、于文博、［韓］徐尚賢點校。

《周易外傳校注》,〔清〕王夫之著，谷繼明校注。

《周易内傳校注》,〔清〕王夫之著，谷繼明、孟澤宇校注。

《春秋集注》,〔宋〕張洽著，蔣軍志點校。

《春秋集傳》,〔宋〕張洽著，陳峴點校。

《錢時著作三種》,〔宋〕錢時著，張高博點校。

《涇皋藏稿》,〔明〕顧憲成著，李可心點校。

《周易玩辭》,〔宋〕項安世著，杜兵點校。

《高子遺書》,〔明〕高攀龍著，李卓點校。

《周易學》，曹元弼著，周小龍點校。

《春秋屬辭》,〔元〕趙汸著，張立恩整理。

《春秋釋例》,〔晉〕杜預著，徐淵整理。

《吴澄集》,〔元〕吴澄著，方旭東、光潔點校。

更多典籍敬請期待……